coffee

바리스타가 꼭 알아야 할 원두에서 카페관리까지

coffee

바리스타가 꼭 알아야 할 원두에서 카페관리까지

발행일 1판 1쇄 2019년 10월 29일
1판 2쇄 2021년 10월 30일
발행인 이진숙
지은이 김미리 · 문상윤 · 박소영
펴낸곳 충남대학교출판문화원
주소 대전광역시 유성구 대학로 99
전화 042-821-6045
홈페이지 www.cnupress.co.kr
E-mail cnupress@cnu.ac.kr
ISBN 979-11-6503-003-2 13570
정가 18,000원

Coffee

바리스타가 꼭 알아야 할 원두에서 카페관리까지

김미리 · 문상윤 · 박소영

충남대학교출판문화원

커피는 세계적으로 가장 많이 소비되는 음료로 국내 커피 소비량은 세계 6위 수준이며 1인당 연간 353잔을 소비하고 있습니다. 2000년대에 들어서는 국내 원두커피 시장이 비약적으로 발전하였으며, 현재는 스페셜티 커피 시장의 성장으로 인해 인구대비 고급 매장수가 미국과 중국, 일본을 넘어서게 되었습니다. 국내 커피산업은 매출액 기준 약 7조 원 수준으로 성장하였으며, 2023년 약 9조 원 수준까지 시장 규모가 확대될 것으로 예측됩니다.

커피 소비가 인스턴트 믹스커피에서 원두커피로 옮겨가면서 국내 토종의 커피전문점 브랜드뿐 아니라 글로벌 대형 커피전문점 브랜드가 확산되고 있습니다. 커피 소비량이 증가하면서 커피시장과 소비자가 다양화되고 세분화되는데, 단순히 커피를 마시기보다는 원두의 산지 뿐 아니라 기업 윤리와 가치를 높게 평가하고 원두의 로스팅 정도까지도 세심하게 관심을 가지고 자신의 취향에 맞는 커피를 찾아다니는 소비자 층이 증가하고 있고, 가정에서 원두를 직접 볶아 커피를 마시는 사람들이 증가하고 있습니다. 이제 커피는 기호음료를 뛰어 넘어 문화로 인식하며 즐기는 시대가 되었습니다.

이같은 추세로 인해 커피전문점의 증가와 함께 커피를 교육하는 교육기관들도 많이 생기게 되었습니다. 커피학은 식품학, 화학, 물리학, 기계공학, 식물학 등의 다양한 학문이 접목해 있는 종합적인 학문입니다. 현재는 문화센터 뿐만 아니라 자치단체의 평생교육원, 대학의 식품 및 외식 관련 학과에서도 커피교육 강의가 개설되는 등 커피는 하나의 학문으로서도 인정받게 되었습니다.

이 책은 커피 바리스타를 위한 기초에서부터 커피전문점 창업에 이르기까지 커피에 대한 전문적인 지식을 다루었습니다. 또한, 커피에 대해 흥미를 느끼는 사람들, 커피에 대해 알기를 원하는 일반인들을 위하여 생두와 원두의 차이, 매혹적인 커피 향이 로스팅할 때 어떻게 해서 생기는지, 커피의 유효성분만 추출할 때 어떤 조건이 필요한지 등 기초부터 다루었으며, 커피전문점의 창업자(예비창업자)가 되고자 하는 전문가들을 위해 필요한 지식도 체계적으로 다루었습니다.

이 책의 구성은 커피의 품종, 커피의 재배, 커피의 원산지별 특징, 커피생두의 등급, 생두와 원두의 차이, 커피 로스팅, 커피 추출, 커피와 건강과의 관계, 커피의 역사와 문화, 커피전문점 창업과 경영 부분으로 짜여 있습니다.

앞으로도 새로운 커피관련 연구 자료와 최신 정보, 최신 커피 트렌드 현황을 수집하여 보강해 나갈 것이며, 이 책을 이용하여 강의를 듣는 수강생들 및 독자들로부터 부족한 부분에 대한 의견을 수렴하고, 전문가의 소언을 받아들여 보다 나은 커피 교재가 될 수 있도록 노력을 이어나가겠습니다.

끝으로 이 책이 무사히 출판될 수 있도록 도와주신 충남대학교출판문화원과 커피관련 자료와 기물을 제공해주신 한국커피문화협회에 감사를 드립니다.

2019년
저자일동

머.리.말

coffee

바리스타가 꼭 알아야 할 원두에서 카페관리까지

CONTENTS

coffee

바리스타가 꼭 알아야 할 원두에서 카페관리까지

coffee

바리스타가 꼭 알아야 할 원두에서 카페관리까지

Chapter 01

커피 기초

1. 커피 개요
2. 커피 품종
3. 커피 재배
4. 커피 원산지별 특징
5. 커피생두의 등급

1. 커피 개요

커피(Coffee)는 커피나무 열매(커피체리)의 씨앗인 커피콩을 볶아서 분쇄한 후에 물에 우려내서 마시는 음료이다.

커피나무 열매속의 씨앗을 가공하는 정도에 따라 다양한 명칭이 있다.

생두는 커피씨앗의 껍질을 벗겨 건조한 것이고, 원두는 생두를 볶은 것이며, 원두를 분쇄한 것은 커피가루이다.

'커피'란 커피가루에서부터 커피가루를 물로 추출해서 마시는 음료까지 광범위하게 지칭하는 용어이다.

커피나무는 꼭두서니(Rubiaceae) 과(科, family), 코페아(Coffea) 속(屬, genus)으

로 쌍떡잎식물이며, 다년생 열대성 상록교목[1]이다.

커피콩의 오해?

커피는 콩 (bean)이 아니라 커피나무 열매의 씨앗이다.
커피씨앗은 모양이 콩과 유사하여 커피콩(coffee bean)이라고 부르지만 커피는 꼭두서니과이고 콩은 콩과로 전혀 다른 식물의 열매이다.

1 상록교목[evergreen tall-tree, 常綠喬木] : 사계절 잎이 지지 않는 키 크고 늘 푸른 나무 (자료 : 한국식물생태보감, 김종원, 2013)

커피는 영어권에서 coffee라고 하며, 아랍어인 '카흐와(قهوة)'에서 유래되었다. 에티오피아에서는 '분나(ቡና) '라고 부르며, 아랍어로는 '분'이라고 불린다. 이탈리아어로는 카페(Caffè)이다.

한국, 일본, 중국에서는 커피를 한자로 번역하여 珈琲, 咖啡 등으로 표기하였다. 우리나라에서는 '양탕국(커피가 한약을 끓인 탕약을 연상케한다는 의미에서 유래)', '가비', '가배'라고 불렀으며, 중국에서는 kāfēi(카페이)라고 발음한다. 일본에서는 コーヒー(코-히-)와 珈琲를 병행 사용한다.

커피의 특징은 카페인이 함유되어 쓴맛을 내는 기호음료이며 각성효과가 있다. 커피 속에는 항산화활성이 높은 다양한 폴리페놀성분이 함유되어 건강에 유용한 효과를 나타낸다는 다양한 연구결과들이 보고되었다. 최근 우리나라에는 김치보다 커피를 더 많이 마신다고 할 정도로 커피의 소비가 많다. 과거 인스턴트커피에서 최근 들어서는 원두커피의 소비가 많고 커피 전문점도 많이 생겼다.

: 2. 커피 품종 :

세계적으로 커피의 4대 품종(種, species)은 코페아 아라비카(Coffea arabica), 코페아 카네포라(Coffea Canephora), 코페아 리베리카(Coffea liberica), 코페아 엑셀사(Coffea excelsa)이다. 그 중 생산성이 높은 코페아 아라비카종과 코페아 카네포라종은 아프리카, 아시아, 아메리카 등 전 세계 커피 생산국에서 대량 재배되고, 생산성이 낮은 코페아 리베리카종과 코페아 엑셀사종은 연구·교배용으로 소량 재배된다. 4대 원종의 재배지역은 표 1과 같다.

표 1. 커피 품종별 주요 재배지역

	아라비카종 (C. arabica)	카네포라종 (C. canephora)	리베리카종 (C. liberica)	엑셀사종 (C. excelsa)
아프리카	마다가스카르, 아프리카 서해안	서부 및 아프리카의 저지대, 동부 아프리카의 약간 높은 고지대	서해안, 적도 아프리카, 리베리아	중앙·서부 아프리카, 수단 남부, 마다가스카르, 모리셔스
아시아	예멘, 인도, 파푸아뉴기니, 모리셔스, 레위니옹, 뉴 칼레도니아, 베트남, 하와이	인도, 인도네시아, 필리핀, 말레이시아, 태국, 중국	말레이시아, 인도네시아, 필리핀, 베트남, 태국	베트남, 인도네시아, 필리핀
아메리카	고원지대, 카리브해의 산지	브라질, 에콰도르, 기아나, 멕시코,	기아나, 수리남	푸에르토리코

커피나무의 4대 원종 중 상업적으로 대량 재배되는 종은 아라비카종(Coffea arabica)과 카네포라종(Coffea canephora)이다. 카네포라종의 대표품종은 로부스타(Robusta)이다. 따라서 커피품종을 비교할 때는 표 2와 같이 아라비카종과 로부스타품종을 비교한다.

▌표 2. 아라비카종과 카네포라종(로부스타품종)의 비교

구분	아라비카(Arabica)	카네포라(Canephora) 로부스타(Robusta)
원산지	에티오피아	콩고
생산비율	약 70%	약 30%
적정 연평균기온 /강수량	14℃~24℃ 1,400~2,000mm	24℃~30℃ 2,000~2,500mm
생산고도	900~2,000m	0~900m
병충해	약함	강함
생두의 당/오일 함량	6~9% / 15~17%	3~7% / 10~12%
카페인 함량	평균 1.2%	평균 2%

Anette Moldvaer, Coffee Obsession, 2014

1) 카네포라 (로부스타)

카네포라(Coffea canephora) 종은 병충해에 강하고 수확량이 많다.(표2) 로부스타(Robusta)의 Robust라는 말 자체가 튼튼하다는 뜻이다.주로 고도가 600m 이하인 낮은 지역에서 자란다. 기온이 높으므로 커피나무의 성장 속도가 빠르기 때문에 생산량이 높고 쓴맛이 강하지만 다양한 맛과 향이 조금 부족하다는 평이 있다. 그러나 마다가스카르 로부스타는 구수한 팝콘향이 있으며, 인도 로부스타 중 일부는 스페셜티 커피로 인정받기도 한다.

카페인 함량이 아라비카에 비해 높은 편이다. 아라비카는 평균 카페인 함량이 1.2~1.4%이지만 로부스타는 평균 2.0~2.2%다. 따라서, 단일 품종을 에스프레소나 드립 커피용으로 사용하기 보다는 가격이 저렴한 장점을 이용하여 커피 믹스나 커피 향 제조, 각종 식품의 원료에 쓰인다. 또한, 로부스타는 에스프레소 블렌딩용으로 널리 쓰이며 이탈리아에서는 로부스타가

반드시 들어간다. 블렌딩시 바디감을 더해주고 카카오향이 나기도하며 크레마를 풍부하게 하므로 보통 10% 정도를 섞는다.

최대 생산지역은 주로 동남아로 베트남, 우간다, 인도네시아이다.

베트남은 최근 로부스타를 주로 생산한다.

2) 아라비카

아라비카(Co ea arabica) 종은 인류 역사상 최초로 재배된 커피나무다. 커피벨트 중에서도 해발 800m 이상의 고산지, 고원에서 주로 생산되며 병충해에 약하다(표2). 커피의 맛과 향이 로부스타에 비해 부드러우며, 균일하다. 또, 로부스타는 쓴맛이 강한 반면, 아라비카는 맛의 개성이 강하며 신맛이 특징으로 고급 커피로 취급된다. 고도가 높을수록 생두의 밀도가 높아져 품질이 향상된다. 대표적인 고산지대 국가는 콜롬비아이다.

아라비카의 주요 산지로는 중남미의 브라질(생산량은 세계 1위), 콜롬비아, 과테말라, 코스타리카, 아프리카의 에티오피아, 케냐, 탄자니아 등이다. 아시아 및 오세아니아는 인도네시아, 파푸아뉴기니, 하와이의 코나섬(하와이안 코나가 생산 된다.) 등이 있다. 중국은 윈난성에서 최근에 커피를 생산하기 시작하였다.

최근 들어 아라비카의 소비량이 늘어나 개인은 물론 커피믹스에도 아라비카종을 사용하고 있어 생산량은 증가될 전망이다.

아라비카종의 대표적인 개량품종으로 티피카, 버번, 카투아이, 파카마라, 게이샤등이 있다.

(1) 티피카(Typica)

티피카 품종은 아라비카 원종에 가장 가까운 재래종이며, 아라비카종의 원 품종 또는 대표품종으로 불린다.

▲ 그림 1. 티피카 품종의 새순

이 품종은 네덜란드의 암스테르담 식물원에서 재배되기 시작하여 전 세계로 전파되었다. 티피카 품종은 생두의 크기가 크고, 향미가 우수하다. 세계 3대 명품 커피로 불리는 하와이안 코나, 자메이카 블루마운틴도 티피카 품종이다. 그러나 병충해에 약하고 생산성이 낮아 현재는 다른 품종으로 개량되고 있다. 티피카 품종은 그림 1처럼 새순이 황갈색을 띠면서 나오며 점차 녹색으로 변한다.

(2) 버번(부르봉, Bourbon)

▲ 그림 2. 버번 품종의 커피체리

버번 품종도 아라비카 원종에 가까운 품종으로 티피카의 돌연변이 품종 중 가장 오래된 품종이다.

이 품종은 프랑스가 예멘에서 모카 품종의 커피나무를 가져와 인도양에 있는 버번섬(현재 레위니옹섬, Réunion I.)에 이식하고 재배하였으며, 이후 프랑스인들에 의해 브라질로 이식되어 브라질에서 널리 재배되고 있는 품종이다.

버번 품종은 그림 2와 같이 커피체리가 나무에 빼곡하게 열리며, 티피카 품종에 비해 생두 크기가 작고 센터컷이 S자형 모양이다.

(3) 게이샤(Geisha)

게이샤 품종은 1931년 에티오피아 아바야 게샤(Gesha)라는 지역에서 발견된 품종으로 발견 초기에는 "게샤" 또는 "게챠" 라고 불렸다. 그러다 케냐,

탄자니아의 아프리카 지역으로 이식이 되면서 "게이샤"라고 불리게 되었다.

이후, 파나마와 코스타리카로 이식되면서 게이샤 품종은 전 세계적으로 유명한 스페셜티 커피로 발전하게 된다.

▲ 그림 3. 게이샤 생두

게이샤 품종은 그림 3과 같이 생두의 크기가 일반적인 생두보다 크고, 길쭉한 형태를 띠고 있다. 로스팅의 1차 크랙 단계에서 시트러스 계열의 향과 자스민과 같은 꽃향기를 생성하는 특징을 가지고 있으며, 커피 녹병에 강하다. 커피 품종들 중에서 가장 향기와 맛이 뛰어나다고 평가한다.

(4) 문도노보(Mondo novo)

문도노보 품종은 1942년 브라질에서 발견된 품종으로 레드 버번과 티피카의 자연 교배종으로 생산성 향상을 위한 품종 개량을 거듭해 브라질의 주요 커피 재배 품종으로 자리를 잡았다.

(5) 카투라(Caturra)

카투라는 브라질에서 처음 발견된 품종으로 1937년 이후부터 아메리카 지역에서 상업적으로 재배되기 시작하였다. 높은 고도에서 자란 카투라 품종은 레몬향과 같은 산미가 있는 것이 특징이다.

(6) 카투아이(Catuai)

카투아이는 문도노보 품종과 카투라 품종의 교배종으로 브라질의 주요 재배 품종이다. 재배밀도가 높기 때문에 단위당 생산량이 높고, 병충해와 강풍에도 강하다. 그러나 커피체리 생산 기간이 10년 정도로 짧고 문도노보 품종보다 맛이 단조롭다.

(7) 파카스(Pacas)

파카스 품종은 엘살바도르의 재래종으로 1949년 Don Alberto Pacas Fiaueroa 농장에서 발견된 후 개량을 거쳐 재배되고 있다.

커피체리가 적게 열려 생산성은 낮지만, 생두의 크기가 크며 가뭄과 센 바람에 강하다.

(8) 파카마라(Pacamara)

▲ 그림 4. 오렌지 파카마라

파카마라 품종은 파카스 품종과 마라고지페의 교배종으로 1958년 엘살바도르의 Coffee Research Ins에서 개발되었다.

마라고지페의 영향으로 생두의 크기가 상당히 크며 향미가 우수하다. 품질 좋은 파카마라 품종에서는 꽃향기와 초콜릿향이 나며 산도와 바디감이 좋다. 또한 그림4와 같이 커피체리가 주황색으로 익는 오렌지 파카마라와 같은 품종도 있다.

(9) 마라고지페

▲ 그림 5. 마라고지페

마라고지페는 브라질이 원산지인 아라비카의 변종으로 학명은 코페아 인디헤나(Coffea indigena)이다. '마라고지페'라는 명칭은 1870년에 브라질 바이아 주의 마라고지페 지방에서 발견되어 붙인 이름이다.

마라고지페는 나무의 잎이 크고, 높이도 높다. 특히 열매는 아라비카종 가운데 제일 크지만 생산성은 높지 않다. 그림5와 같이 일반 생두보다 크기가 월등히 크며, 커피생두의 크기를 구분하는 스크린 사이즈는 20 이상이다.

: 3. 커피 재배 :

1) 재배환경

커피나무는 그림 6과 같이 적도를 중심으로 남위 25°와 북위 25° 사이의 열대 · 아열대 지역에서 재배된다. 이 지역을 '커피벨트(coffee belt)'라고 한다. 일반적으로 해발 600m이하의 지역에서는 '로부스타' 품종이, 800m 이상의 지역에서는 원두커피용으로 사용되는 양질의 '아라비카' 종이 생산된다. 우리나라에서 소비하는 커피의 대부분은 수입에 의존한다. 그러나 최근 제주도, 전남지방을 중심으로 커피가 재배되어 보급되고 있으나 생산량이 적어 지역에서 소비되는 정도이다.

커피재배에 있어 중요하게 작용하는 환경적 요소는 온도, 일조량, 고도, 토양 등이 있다.

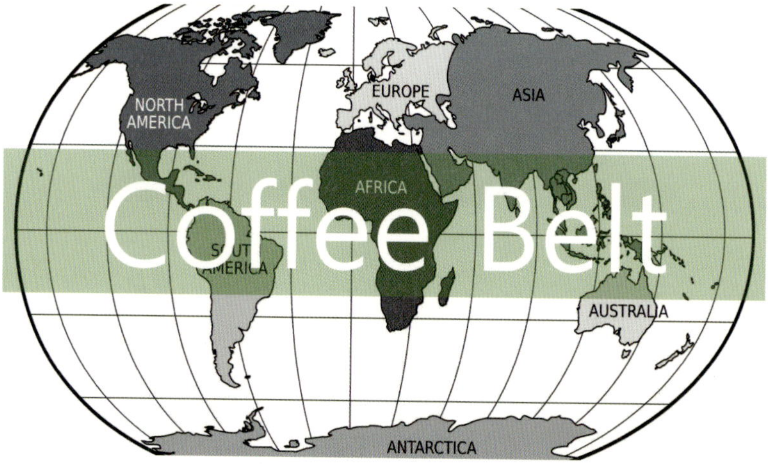

▲ 그림 6. 커피벨트

(1) 온도와 일조량

① 아라비카종의 적정 재배 온도

아라비카종 커피는 온도 변화폭이 생장에 큰 영향을 미치며, 작황에도 많은 영향을 미친다. 아라비카종 커피가 생장하기에 최적의 평균온도는 약 22℃이며, 온도 허용치는 낮 시간대에는 25~30℃, 밤 시간대는 15℃이다.

아라비카종 커피는 25℃ 이상에서는 광합성이 잘 이루어지지 않는다. 또한 30℃를 넘으면 잎의 백화 현상이 일어나면서 결함이 있는 커피체리가 발생하고, 커피녹병과 같은 병해를 입는다.

또한 커피나무는 직사광선을 장시간 받으면 잎이 타는 현상이 발생한다. 따라서 커피농장에서는 커피나무의 생장과 일조량 조절을 위해 그늘을 만들어 줄 수 있는 그림 7과 같이 셰이드 트리(Shade Tree)를 커피나무와 같이 심기도 한다. 셰이드 트리는 일조량 조절 외에 주변 잡초들의 성장 억제, 토양침식 방지, 커피나무의 향미 형성 등에 영향을 미친다.

▲ 그림 7. 셰이드 트리(Shade Tree)

반면, 아라비카종 커피는 낮은 온도에서 더욱 심각한 문제가 나타난다. 온도가 4℃ 정도로 내려가면 그림 8과 같이 잎과 열매의 크기가 줄어들면서 얼룩덜룩해지는 현상이 발생하고, 말라죽게 된다. 또한 온도가 영하로 떨어지면 커피나무가 냉해를 입어 죽을 수 있다.

▲ 그림 8. 커피 냉해

이처럼 아라비카종 커피는 온도 변화폭이 생장에 큰 영향을 미치며, 작황에도 많은 영향을 미친다.

② 카네포라(로부스타)종의 적정 재배 온도

로부스타품종 커피는 아라비카종 커피보다 비교적 높은 온도에 강하며, 최적의 생장 온도는 22~28℃이다. 로부스타품종 커피는 30℃가 넘으면 광합성 활동이 줄어들어 커피체리가 정상적으로 열리지 않는다. 또한 건조한 대기 조건도 생장에 좋지 않은 영향을 준다.

따라서 로부스타품종 커피도 일조량을 조절해주는 셰이드 트리가 필요하다. 또한 로부스타품종 커피는 아라비카종 커피의 생장온도 보다 낮은 온도에 취약하다. 온도가 10℃ 이하로 내려갔을 때는 생장에 여러 문제점들이 발생하고, 4℃ 아래로 떨어지면 커피나무가 죽는다.

(2) 커피 재배 토양

커피나무가 성장하는데 알맞은 토양은 용암, 화산재, 기반암, 충적토[2], 붕적토[3] 등이며 유기물이 풍부하고, 다공성이 50~60%(물과 공기) 정도 되는 토양이다.

커피나무의 뿌리는 보통 2m정도 내려간다. 이때 뿌리가 잘 내려갈 수 있도록 토양 속에 장애물이 있는지 여부도 중요하다.

또한 커피나무의 뿌리는 많은 물에 취약하기 때문에 배수가 잘되는 토양인지 확인해야 하며, 커피나무를 심을 때에는 지하수층이 높게 형성된 곳, 물이 범람할 수 있는 곳을 피해야 한다.

대부분의 커피 산지는 위의 조건에 맞는 토양에서 커피나무를 재배하고 있다. (표3)

---

2 충적토[alluvial deposit, 冲積土] : 물에 의에 운반 퇴적된 흙으로 빗물에 의한 침식에 의해서 서로 다른 성분의 토양이나 암석 파편들이 섞여 있는 덩어리 (자료 : 해양과학용어사전, 한국해양학회, 2005)

3 붕적토[colluvial soil, 崩積土] : 운적토의 하나로, 경사가 급한 산록이나 절벽 등의 기초가 되는 부분에 중력의 작용으로 무너져서 풍화된 물질들이 퇴적하여 생긴 토양 (자료 : 두산백과)

▎표 3. 커피 산지와 토양 종류

커피 산지	토양 종류
중앙아메리카, 콜롬비아, 멕시코, 카메룬, 말레이시아, 인도, 우간다	화산재(일부 라테라이트화)
브라질	섬록암, 편마암, 화강암, 운모, 현무암, 편암
안데스 산맥, 인도네시아 자바섬	충적토
인도, 중부아프리카, 서부아프리카, 에티오피아, 인도네시아 말랑	라테라이트
동아프리카, 하와이, 중앙아메리카	최근 생성된 화산토
케냐	화산 기원의 키쿠얀(Kikuyan) 적색 양토
하와이 코나	화산재와 용암 파편 혼합토

Cofee:growing,processing,sustainable,production, jean nicolas wintgens(2012)

(3) 고도

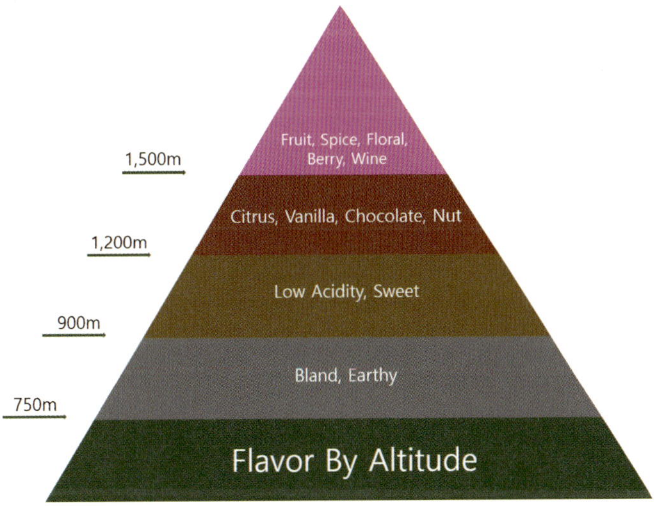

▲ 그림 9. 생산고도에 따른 커피 향미 특성

커피는 생산고도에 따라 그림 9와 같이 다양한 향미 특성을 지닌다. 고지대일수록 고품질의 커피가 생산된다. 고도 1,500m 이상의 지대에서 생산된 커피는 과일, 향신료, 꽃, 베리, 와인의 향미가 나며, 고도 1,200m 부근에서는 시트러스, 바닐라, 초콜릿, 너트 향미가 생성된다. 900~1,200m지대에서는 적은 산미와 구수한 향들이 만들어지며, 약 750m 이하의 저지대에서 생산되는 커피는 적은 산미와 약한 향미 특성을 보인다.

2) 파종에서 수확

(1) 파종 및 발아

커피는 열매속의 씨앗이므로 볶거나 가공하지 않은 커피생두는 생명력이 있어서 땅에 파종하면 발아하여 싹이난다.

▲ 그림 10. 커피 파치먼트

▲ 그림 11. 커피 파치먼트 파종 후 발아

커피는 그림 10과 같은 커피 파치먼트를 직접 땅에 파종하지만, 성공률을 높이기 위해 그림 11과 같이 따로 싹을 틔운 후 6개월에서 12개월 정도를 키워 묘목으로 밭에 식재한다.

완전히 익은 커피체리는 수확 후 발아가 가능하며, 수확 직후의 발아율은 90%가 넘는다. 최상의 발아력을 유지하기 위해서는 수분함량을 10~11%

까지 천천히 건조시킨 후 15℃ 정도에서 보관하면 된다. 이렇게 보관한 커피체리는 약 2년 정도 발아력을 유지한다.(표4) 커피씨앗의 최적 발아온도는 대기 온도 30~35℃, 토양 온도 28~30℃이다.

표 4. 건조 온도에 따른 발아율

온도(℃)	발아율(%)	
상온인공건조	95	품종 : Catura 수분함량 : 12~13%
40	95	
45	95	
50	80	
55	45	
60	4	
70	0	

J. Archila, Cenicafe, 1976

(2) 성장 및 개화

식재된 커피나무는 3~4년 정도 자라면 그림 12와 같이 개화한다. 커피 꽃은 흰색으로 1개의 암술과 5개의 수술로 이루어지며, 자스민과 비슷한 향이 난다. 보통 오전에 개화하여 하루 정도 꽃이 피어있고, 수분이 이루어지면

▲ 그림 12. 커피 꽃

▲ 그림 13. 수분 후 꽃밥

그림 13과 같이 꽃 밥은 갈색으로 변한다. 수분 후 2일 정도 경과하면 꽃을 구성하는 부분들이 떨어지고 그 자리에 씨방이 발달하여 커피체리를 맺게 된다.

(3) 체리

▲ 그림 14. 수분 후 1개월 된 커피체리

▲ 그림 15. 커피체리

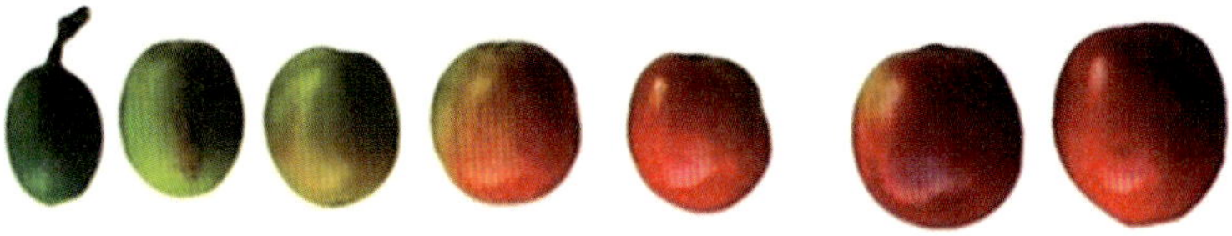

▲ 그림 16. 커피생두의 성장 과정

커피나무에 꽃이 피고, 수정되어 꽃이 떨어지면 그 자리에 그림 14와 같이 커피체리가 형성된다. 커피체리는 그림 15와 같이 처음 2개월간은 천천히 자라지만 이후 3~5개월부터는 급격히 성장하여 약 10개월 정도 지나면 완전히 익는다.(그림 16) 완전히 익은 커피체리의 색깔은 대부분 빨간색을 띠는데, 품종에 따라 노란색이나 주황색을 띠는 옐로우 버번 품종이나 오렌지 파카마라 품종도 있다. 커피체리 안에는 두 개의 씨앗 즉, 생두가 자리 잡고 있다.

피베리(Peaberry)

커피체리 안에 하나의 생두가 들어있는 특이한 커피 품종이다.

피베리는 유전적 결함이나 불완전한 수정 등의 원인으로 발생하며, 주로 커피나무 가지 끝에서 약 10% 정도 발생한다. 그림 17과 같이 달팽이와 유사한 형태 때문에 스페인어로는 '카라콜리(Caracol)' 라고 불린다. 예전에는 결함이 있는 생두로 분류되어 판매되지 않았으나 요즘에는 희귀성으로 인해 피베리만 모아서 약간 높은 가격으로 판매되기도 한다.

(4) 수확

커피체리가 10개월 정도 익으면 수확을 시작하는데 일반적으로 커피체리는 일 년에 한 번 수확하며, 수확 시기는 지리적 위치에 따라 다르다.

주된 수확 시기는 우기와 건기의 구별이 뚜렷한 경우 북반구에서는 10~2월, 남반구에서는 6~10월이다. 그러나 우기와 건기의 구별이 뚜렷하지 않은 콜롬비아나 케냐 등은 1년에 두 번의 개화가 있어 수확도 두 번 이루어진다. 한편 연중 비가 내리는 국가에서는 1년 내내 커피체리의 수확이 가능하다. 커피의 수확방식은 국가적 특성이나 농장의 상황에 따라 수작업 혹은 기계로 이루어진다.

① **핸드피킹**(Hand Picking)

그림 17과 같이 사람이 여러 번에 걸쳐 손으로 커피체리를 하나하나 따서 수확하는 방법이다. 숙련된 노동자가 잘 익은 커피체리만을 골라서 따

▲그림 17. 핸드피킹

기 때문에 수확방법 중 가장 고품질의 생두를 얻을 수 있는 수확방법이지만, 인건비가 많이 든다. 주로 습식법을 사용하는 국가 또는 기계수확이 불가능한 고산지대에서 사용하는 방법이다.

② **스트리핑**(Striping)

▲그림 18. 스트리핑

그림 18과 같이 사람이 커피체리가 달려있는 가지를 손으로 훑어 내려서 한 번에 여러 개의 커피체리를 수확하는 방법이다. 핸드피킹보다 수확량이 많아 인건비는 상대적으로 절감되는 효과가 있지만 나무에 손상을 줄 수 있다. 또한 수확과정에서 나뭇가지나 기타 이물질이 섞일 가능성이 많아 생두의 품질은 상대적으로 떨어진다. 주로 로부스타를 생산하는 국가 또는 건식법을 사용하는 국가에서 수확하는 방식이다.

③ **기계에 의한 수확**(Mechanical harvesting)

▲그림 19. 기계 수확

기계에 의한 수확은 그림19와 같이 커피나무에 진동을 주어 커피체리를 떨어트려 수확하는 방법이다. 주로 대규모 농장으로 조성되어있는 평지에서 많이 사용하는 방법으로, 고산지대에서 소규모로 재배되는 경우에는 적용하기 어려운 방법이다.

이 방법은 기계로 대량수확을 하므로 수확량이 많고 수확속도가 빠르다.

그러나 핸드피킹과 스트리핑 방법보다 잘 익은 커피체리를 선별하여 수확하는 것이 어렵고, 나무에 손상을 입힐 수 있다.

또한 기계 구입에 많은 비용이 소요되고, 대규모 수화물 처리시설이 필요하다. 기계수확은 재배지가 평지이고 나무 사이의 간격이 넓은 브라질이나, 노동력 부족으로 고임금이 드는 하와이에서 주로 사용하는 방법이다. 커피 수확방법에 따른 장 · 단점을 정리한 표는 표 5과 같다.

표 5. 커피 수확방법에 따른 장·단점

구분	핸드피킹	스트리핑	기계수확
방법	사람이 익은 체리만을 골라 수확하는 방식	체리가 어느 정도 익었을 때 사람이 한 번에 나뭇가지를 훑어 수확하는 방식	기계가 유리섬유나 나일론으로 된 막대로 나무에 진동을 주어 익은 체리를 수확하는 방식
장점	균일하고 고품질 커피체리 생산 가능	핸드피킹에 비해 시간과 비용의 절약	시간의 절약, 인건비의 감소
단점	인건비의 부담	커피나무에 손상, 이물질이 섞일 가능성	선별수확의 어려움, 나무 손상, 대량의 수확물 처리 시설 필요, 고가의 기계 구입비용, 기계사용이 가능한 지역으로 한정
사용 국가	고품질의 아라비카종 커피 수확 국가 및 고산지역 국가	로부스타 생산국가	대규모 평지인 브라질, 고임금 국가인 하와이, 저지대 재배가 많은 국가

Cofee:growing,processing,sustainable,production, jean nicolas wintgens(2012)

(5) 가공

커피생두의 가공은 커피체리에서 껍질과 과육을 제거하고 생두를 분리하는 과정이다. 가공방식은 그림 20과 같이 크게 건식법과 습식법으로 분류하는데, 최근에는 건식법과 습식법의 장점만을 절충하여 가공하는 방식인 펄프드 내추럴 방식도 많이 사용된다.

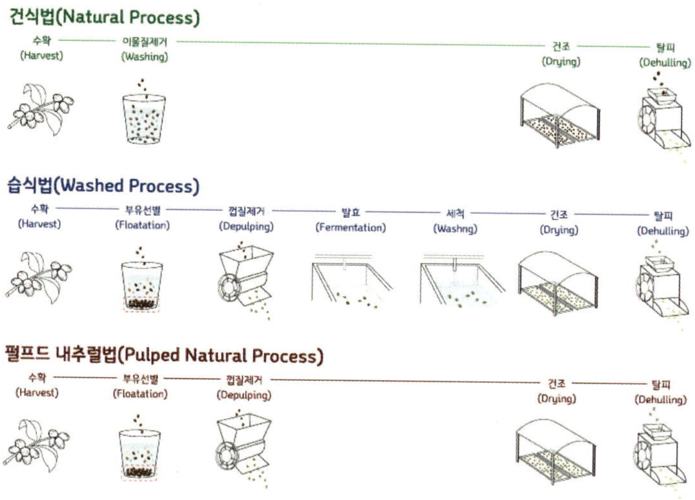

▲ 그림 20. 커피생두의 가공방식

각 가공방식별로 가공된 커피생두는 표 6과 같이 형태와 색이 다르게 가공된다. 가공방식의 차이는 습도와 일조량 또는 물 공급 여부 등 지역여건에 따라 결정되며, 커피의 가공방식에 따라 커피의 맛과 품질에 큰 영향을 미친다.

▌표 6. 커피생두의 가공-건식법, 습식법, 펄프드 내추럴

건식법 (Dry processing)	습식법 (Wet processing)	펄프드 내추럴 (Pulped natural)

① **건식법**(Dry processing)

커피체리 수확 후 이물질을 제거하고 커피체리를 그대로 건조하는 방법이다. 보통 물 부족 국가에서 이용하는 전통적인 가공법으로 펄프(과육)를 제거하지 않아 깊은 향미를 만들어 내지만, 결점두와 이물질이 많고 품질이 균일하지 않다. 그림 21과 같이 건식법으로 가공한 커피를 내추럴 커피(Natural coffee)라고 한다.

▲ 그림 21. 건식법

② **습식법** (Wet processing)

커피체리 수확 후 큰 수조에 넣어 이물질을 분리하고 커피체리와 과육을 제거하는 펄핑(pulping)을 한다. 이후 발효를 통해 점액질을 제거하고 물로 씻은 후 건조시킨다. 점액질은 물로는 제대로 제거되지 않기 때문에 수조에 발효액을 넣고 12~36시간 정도 발효시킴으로써 제거한다. 습식법은 물로 씻어내기 때문에 생두의 외관이 깨끗하고, 품질이 균일하며 결점두가 적고 향미가 우수하다. 그러나 발효과정에서 산도가 증가하여 산미가 강한 편이다. 이 방식을 이용해 가공한 커피를 워시드 커피(Washed coffee)라고 한다.(그림 22)

▲그림 22. 습식법

③ **펄프드 내추럴**(Pulped natural / Honey Processing)

커피체리 수확 후 이물질을 제거하고 펄핑(Pulping) 과육분리기에 넣어 과육(펄프)을 분리하는 과정을 통해 외과피와 과육을 제거하지만, 점액질은 제거하지 않고 건조하는 방식으로 주로 브라질에서 사용한다.(그림 23) 이 방식은 건식법과 습식법의 중간적인 형태로 건조과정에 드는 시간과 발효의 위험성을 줄일 수 있다. 또한 건식법보다 단맛은 떨어질 수 있지만 향이 강해지고, 습식법에 비해 바디감이 강해진다.

브라질 외에 에티오피아, 과테말라, 코스타리카 등의 국가에서는 허니 프로세싱(Honey Processing)이라고 한다. 펄프드 내추럴과 허니 프로세싱은 커피 체리의 점액질(뮤실리지, mucilage) 부분을 남긴다는 점에 비슷하지만 허니 프로세싱은 점액질이 남아있는 비율과 건조시간에 따라 다른 향미를 만들어낸다. 코스타리카에서는 그림 24와 같이 점액질의 비율과 발효 시간에 따라 블랙 허니, 레드 허니, 옐로우 허니, 화이트 허니로 분류한다.

▲ 그림 23. 펄프드 내추럴

▲ 그림 24. 허니 프로세싱

(6) 보관

커피생두는 일 년에 한두 번 수확하여 일 년 내내 보관해야 하기 때문에 커피의 보관은 상당히 중요하다. 커피생두는 보관 중에도 생리적인 활동이 일어나고, 상대습도, 수분 함량, 온도, 기체 조성과 같은 주변 환경에 의해 품질이 변하고 안정성이 문제될 수 있다.

① 커피생두의 보관 조건

커피생두는 해충의 공격과 세균 오염에 취약하기 때문에 해충과 균류에 의한 피해를 최소화하기 위해 커피생두 내 수분 함량과 상대 습도를 잘 관리해야 한다. 커피생두의 일반적인 수분 함량은 11~14%이지만, 보관공간의 상대습도가 75%이상이 되면 커피생두가 수분을 흡수하여 수분 함량이 14.5% 이상으로 높아진다.

수분 함량이 높아지면 커피생두의 휴면 상태가 깨지고, 호흡 활동이 증가하면서 이산화탄소, 물, 열이 발생한다. 이런 현상이 지속되어 수분 함량이 16.5% 이상이 되면 균류가 발생할 가능성이 높아 커피생두의 화학조성이 변하고, 마이코톡신(mycotoxin, 곰팡이 독)이 생성된다. 커피생두를 안전하게 보관하기 위해서는 표 7과 같이 보관 조건들을 충족시켜야 한다.

표 7. 커피생두 보관 조건

수분함량	상대습도	온도	대기 조성	저장 기간
아라비카 12% 로부스타 13%	>60%	>20℃	산소 최소화	1년 이하

② 커피생두의 포장 재료

커피생두는 해충과 세균 등 오염원과 격리될 수 있는 설비를 갖추어 보관해야 한다. 커피생두는 보통 마대 자루에 담아 유통되는데, 산지에서부터 로스터에게 전달되기까지 수개월 정도가 소요된다. 이때 열악한 환경에 놓인 생두는 높은 온도와 습도에 의해 저 품질의 생두로 전락할 가능성이 높아진다.

때문에 커피 품질의 중요성이 대두되고 있는 현재에는 일반 마대 자루가 아닌 품질 유지에 최적인 생두 포장 재료와 기술이 개발되어 고품질 생두의 신선도를 유지하는 유통이 가능해졌다. 다만, 이러한 신선도 유지 생두 포장의 경우 포장비용이 마대자루에 비해 증가하기 때문에 생두 가격이 오르게 된다.

a. 마대

▲ 그림 25. 커피 마대자루 포장

예전부터 사용하던 포장 재료로 저렴한 비용으로 커피생두를 포장할 수 있다. 또한 재사용이 가능하며, 포장할 때 특별한 기술과 장비를 요하지 않아 아직도 많은 국가에서 그림 25와 같이 마대 포장을 이용하고 있다. 마대 포장은 수분과 이취를 효과적으로 막을 수가 없기 때문에 커피의 품질저하에 영향을 준다.

b. 그레인 프로(Grain Pro)

▲ 그림 26.커피 그레인프로 포장

커피 품질에 큰 영향을 끼칠 수 있는 수분을 막기에 용이하고 진공 포장에 비해 비용도 저렴하여 고품질의 생두를 포장하는데 많이 이용하고 있다.(그림 26) 유통 시에는 그레인 프로로 포장하여 보관하였다가 마대자루에 넣어서 이중으로 포장하여 유통한다.

이 포장 방식은 진공포장보다 저렴한 가격으로 생두의 품질을 지키기에 적당한 포장 방법이긴 하지만, 진공포장보다 품질유지 기한이 반 정도이기 때문에 장기간 보관에는 적합하지 않다.

c. 진공 포장

커피생두의 포장방법 중 가장 효과적인 방법이다. 그러나 포장에 필요한 기술과 장비를 요하고 포장지가 비싸기 때문에 일반 상업용 커피 포장에는 사용하기 어려운 방법이다. (그림 27) 또한 진공 포장의 장비와 기술력이 떨어지는 경우 종종 진공이 풀리게 되어 커피 품질이 악화될 수 있는 가능성이 있다.

▲ 그림 27. 커피 진공포장

: 4. 커피 원산지별 특징 :

1) 세계 3대 커피

(1) 자메이카 블루마운틴

자메이카 동쪽지역 블루마운틴(Mt. Blue Mountain) 고지대에서 생산되는 블루마운틴 커피는 자메이카의 서늘한 기후와 배수가 잘되는 비옥한 토양, 짙은 안개와 풍부한 강수량 등 자연환경에 따라 고품질의 커피가 생산된다.(그림 28) 블루마운틴 커피는 1950년에 설립된 자메이카 커피 산업 위원회(Jamaica Coffee Industry Board)에서 그림 29와 같이 인증된 커피에만 '자메이카 블루마운틴'이라는 명칭을 붙일 수 있다. 블루마운틴 커피는 생두크기(Screen Size)에 따라 3등급으로 나뉘기 때문에 인증서가 있다고 해서 반드시 No.1 등급은 아니다. 블루마운틴 No.1은 해발 2,000m 이상에서 생산된 생두크기 17~18이상(6.75~7.14mm)이다. 블루마운틴 커피의 수확 시기는 매년 8~9월이며, 습식법으로 가공한다.

▲ 그림 28. 블루마운틴 커피체리

▲ 그림 29. 블루마운틴 인증 마크

(2) 하와이 코나

▲ 그림 30. 하와이 코나 커피체리

하와이 섬의 서쪽 해안가 해발 4,500m 코나 지역은 오후가 되면 구름이 껴서 커피나무에 자연 그늘을 형성한다. 자연 그늘은 커피나무를 직사광선으로부터 보호하고, 높고 습한 기후를 유지하는 역할을 한다. 코나 커피는 자연환경뿐만 아니라 잘 익은 체리만 일일이 골라서 수확하기 때문에 품질이 매우 우수하다.

코나 커피의 등급은 생두크기와 생두 300g당 결점두의 개수에 따라 4등급으로 나뉜다. 1등급은 Kona Extra Fancy로, 생두크기는 19이상이어야 하고, 결점두의 수는 10개 이내여야 한다. 수확 시기는 9월부터 이듬해 3월이며, 습식법으로 가공한다.(그림 30)

(3) 예멘 모카

세계 최대의 무역항이었던 모카(Mocha)항에서 유래된 이름이다. 예멘 중 베니 마타르 지역의 해발 1,000~1,300m 고지대에서 재배된다. 대부분 자연 경작되기 때문에 생두의 모양과 크기, 색깔이 균일하지 않고 제각각이라서 등급을 매기기가 어렵다. 전통적인 건식법으로 가공되며 수확 시기는 10~12월이다.(그림 31)

▲ 그림 31. 예멘 모카 커피체리

2) 대륙별 커피

(1) 아프리카 및 중동

① 에티오피아

에티오피아는 아라비카종 커피의 원산지이다.

예로부터 에티오피아의 야생에서는 커피나무가 수풀처럼 자유롭게 자랐다. 그로 인해 에티오피아는 토착 재래종이 많이 생산되고 있다. 이를 '헤얼룸(Heirloom)'이라고 부른다.(그림 32) 그리고 에티오피아에서는 주로 1,500m의 고지대에서 커피나무를 재배하기 때문에 콩의 밀도가 단단하다. 수확된 생두의 모양과 크기는 모두 제각각인데, 이는 여러 가지 품종의 커피나무를 함께 어우러져 키우기 때문이다.

▲ 그림 32. 에티오피아 헤얼룸

에티오피아 커피의 품종 중 서부 지역의 '게샤(Gesha)'라는 마을에서 탄생한 게이샤(Geisha)품종은 오늘날 파나마로부터 유명해진 '게이샤 커피'의 모태가 된 품종이다.

에티오피아에서 생두의 등급을 매기는 기준은 결점두의 수이다. 표기 방법은 가장 높은 등급인 G1부터 가장 낮은 등급인 G8까지 있다. G1 등급에서 G4 등급까지는 주로 외국으로 수출되며, 아래 등급은 국내에서 소비된다. 에티오피아의 하라 지역에서 내추럴 방식으로 가공된 커피는 주로 G4 등급으로 수출되어 왔다. 에티오피아에서는 주로 아라비카 종을 재배하고 수확 시기는 11월에서 이듬해 2월 정도이다. 가공방식은 내추럴 방식과 워시드 방식을 사용하고 있다.

에티오피아는 지역에 따라 다양한 향미를 지닌 커피가 탄생한다. 녹음이 우거져있는 시다모(Sidamo)지역은 과일향부터 견과류와 허브향에 이르기까지 복합적인 향미를 지닌 커피가 재배된다.

커피 재배의 대표 지역인 예가체프(Yirgacheffe) 지역의 커피는 밝은 레몬향과 꽃향기, 가벼운 질감과 균형 잡힌 단맛을 나타낸다.

덥고 건조해서 사막에 가까운 지역인 하라(Hara)의 커피에서는 흙 향이 난다. 하라 커피 중에서 블루베리와 과일향이 나는 커피는 최상급으로 여긴다.

② 케냐

▲ 그림 33. 케냐 SL28

케냐는 19세기 말경 서양인이 커피를 들여온 것으로부터 재배가 시작되었다. 케냐에서는 대부분 소농들이 커피를 재배하는데, 이들은 세척장을 중심으로 공장을 결성하고, 공장들은 다시 협동조합의 형태로 묶인다. 이 공장에서 농가의 생두들을 한데 모아 처리하는 것이다.

케냐에서는 주로 아라비카 종을 재배한다. 그 중에서도 습식법으로 가공하는 SL 28(그림 33), SL 34, K7, 루이루 11, 바티안 품종을 재배한다. 케냐에서는 수출용 커피생두를 워시드 방식으로 가공하고, 국내 소비용으로 소량만 내추럴 가공방식으로 가공한다. 케냐에는 그들만의 독특한 가공방식인 '소킹(Soaking)'이라는 가공방식을 사용하기도 한다. 이 방식은 생두를 워시드 방식으로 가공한 후 발효액이 묻어 산도가 올라간 생두를 물에 담궈 산도를 낮추는 방식이다.

케냐에서 생두의 등급을 매기는 기준은 생두의 크기이다. 생두의 등급은 AA, AB, PB, C, TT, T으로 나누어진다. 생두의 크기를 재는 방법은 구멍의 크기가 다른 체에 걸러서 크기에 따라 분류한다.

AA등급은 스크린 사이즈 18번 이상으로 큰 생두를 의미하며 보통 가장 복합적인 향미를 가진다.

케냐의 커피는 지역마다 미묘한 향미의 차이는 있지만, 베리향과 복합적인 과일향, 감귤류의 산미, 감칠맛과 풍성한 질감을 나타내는 것이 공통적인 특징이다.

케냐에서 생산된 커피는 가공과정을 거친 후에 매주 열리는 경매를 통해 수출업자들에게 거래된다. 이러한 시스템은 커피시장의 가격 변동에 큰 영향을 받는다는 단점이 있다. 하지만 경매를 통해 고품질의 커피는 높은 가격에 판매되므로 생산자들은 고품질의 커피를 생산하기 위해 노력하는 긍정적인 효과를 얻게 되었다.

또한 국가적인 차원에서 커피 재배 기술의 발전과 커피산업의 발전을 위해 새로운 품종을 개발하고, 새로운 가공방식을 시도하는 등 끊임없이 노력하고 있어 품질이 좋은 커피를 지속적으로 생산해 낼 가능성이 높은 국가이다.

③ **탄자니아**

▲그림 34. 탄자니아 티피카

탄자니아는 1898년 기독교 선교사에 의해 커피가 소개되면서 커피나무의 재배가 시작되었다.

탄자니아에서 생산된 커피는 감귤과 베리의 향미가 있어 인접한 국가인 케냐의 커피와 비슷한 향미특성이 있다. 그러나 빅토리아 호수 근처에서 재배되어 내추럴 방식으로 가공되는 로부스타 품종은 단맛과 묵직한 바디감을 가지고 있다는 평가를 받는다.

이러한 점에서 같은 국가여도 재배 지역에 따라 상반되는 향미특성을 지니고 있다.

탄자니아에서는 가족 단위의 소농이 커피를 재배한다. 경매를 통해 거래된다는 점에서 다른 아프리카 국가들과 비슷한 시스템을 갖추고 있지만, 수출업자와 구매자의 직거래가 가능하다는 점에서 차이를 보인다.

탄자니아에서는 버번, 켄트, 니아싸, 블루마운틴 품종 등 약 70% 정도 아라비카 종을 재배하고, 약 30%정도는 로부스타 품종을 재배한다.(그림 34)

탄자니아에서 재배되는 로부스타 품종의 생두는 작고 둥근 모양이며, 가운데에 곧은 가르마가 있는 것이 특징이다. 그리고 커피나무가 직사광선 아래에서 자라기 때문에 잎이 넓고 크다.

이곳에서 생산되는 커피는 품종에 따라 아라비카 종은 워시드, 로부스타 품종은 내추럴 방식으로 가공된다.

탄자니아의 커피는 한 그루 당 수확량이 적은 문제가 있다. 또한 전문 인력과 설비가 부족한 실정이다.

탄자니아에서 커피 산업은 전체 수출량의 20%정도를 차지하는 큰 산업이기 때문에 국가적인 차원에서 커피 산업의 발전을 위해 커피나무의 수확량을 늘리려는 연구를 지속적으로 하고, 커피 재배를 위한 전문 인력을 배치하고, 설비를 갖추는 노력을 진행해야 한다.

④ 예멘

▲ 그림 35. 예멘 모카

예멘은 에티오피아의 야생에서 자라던 커피나무를 세계 최초로 상업적으로 생산하기 시작한 국가이다. 예멘의 모카라는 작은 항구는 세계 최초로 커피 무역을 이루었던 항구이다.

그래서 예멘 모카 커피는 하와이 코나, 자메이카 블루마운틴 커피와 함께 세계 3대 명품커피로 꼽히며 오늘날까지도 많은 사람들에게 사랑받고 있다.

예멘의 커피농장에서는 티피카와 에티오피아 재래종을 재배한다.(그림 35) 예멘에서 커피를 재배하고 가공하는 방식은 지금까지 크게 달라진 것이 없다. 화학약품을 거의 사용하지 않으며, 물이 부족한 국가이기 때문에 주로 내추럴 가공방식을 사용하고 있다. 예멘에서는 정확한 품종을 알 수 없는 재래종들도 함께 재배하고 내추럴 방식으로 가공하기 때문에 생산된 커피는 지역 고유의 느낌을 가지고 있다.

예멘의 하라즈 산맥에는 커피농장이 집중되어 있는데, 이 곳에서 생산되는 커피는 과일향과 와인향이 난다. 그리고 마타리 지역의 고지대는 산미가 강한 커피가 생산되는 산지로 유명하다. 예멘 커피의 전통적인 특징을 간직한 커피를 생산하는 다마르 지역의 커피는 생두의 모양이 둥글고 서양의 커피보다 무른 특성이 있다.

(2) 아시아

① **인도**

▲ 그림 36. 인도 로부스타

커피나무가 인도에 전해진 시기는 1670년 메카로 순례를 떠났던 바바 부단(Baba Budan)이라는 사람이 들여온 것으로 추정하고 있다. 그는 예멘에서 얻은 커피나무 씨앗 7개를 가지고 있다가 인도의 서쪽 카르나타카(karnataka) 지역의 찬드라기리라는 언덕에 심었다고 한다.

인도의 커피 교역은 19세기에 영국의 식민통치를 받으면서 빠르게 성장하였다. 처음에는 아라비카종의 재배가 주류를 이루었다.

그러나 '커피녹병'[4]이 퍼지면서 병충해에 강한 로부스타품종이나 아라비카종과 리베리카종의 교배종으로 재배식물을 바꾸었고, 어떤 곳에서는 커피의 재배를 포기하고 차를 재배하기도 하였다. 1942년에는 인도 정부가 커피의 수출을 통제하기 시작하였고, 1990년이 되어서야 커피 수출을 자율로 바꾸었다.

오늘날 로부스타품종을 약 60% 재배하고, 40% 정도는 아라비카종을 재배한다.(그림 36) 아라비카종은 대체로 1,000~1,500m의 고지대에서 오렌지, 바닐라, 바나나, 망고, 후추나무와 같은 다른 작물들 사이에 커피나무를 심어 커피나무에 그늘을 만들어주는 '셰이드 트리' 방식으로 커피나무를 재배한다.

수확한 커피체리는 내추럴이나 워시드 방식, 혹은 몬순법으로 정제한다. 몬순법은 개방된 창고에 생두를 두어 몬순의 습한 바람이 생두에 스며들도

4 커피녹병(CLR, Coffee Leaf Rust): 커피나무 잎에 곰팡이가 번식하는 병.

록 말리는 방법이다. 이 방법은 인도에서만 사용되는 독특한 방법으로, 습기를 머금은 생두는 연한 노란색으로 빛이 바랜다. 커피로 추출 시 흙 향이 나며, 신맛이 없으며 묵직한 바디감이 느껴진다.

인도의 커피는 지역마다 향미의 차이가 뚜렷하게 나타나는 편이며, 각 지역에서는 품종 개발을 위한 노력이 활발히 진행되고 있다.

② 인도네시아

인도네시아는 1711년부터 네덜란드가 설립한 동인도회사를 통해 유럽 국가들에 커피를 수출하였다. 처음에는 아라비카종만을 재배하였으나, 1876년 커피녹병의 발생으로 대부분의 농작물이 죽자 생산자들은 이 질병에 강한 로부스타품종으로 생산을 변경하였다. 그리하여 오늘날 인도네시아에서 재배하는 커피는 주로 로부스타품종이 되었다.

▲ 그림 37. 인도네시아 카투아이

재배 농장의 90%는 재배면적 1~2헥타르의 아주 소규모이다. 주로 재배하는 품종은 티피카, 카투아이, 하이브리드 드 티모르(Hibrido de Timor, 수마트라에서는 흔히 '팀팀' 이라고 한다), 카투라, 카티모르 등이다. 인도네시아는 각 섬마다 고유한 특색을 지닌 커피가 생산된다.(그림 37)

a. 수마트라(Sumatra)

수마트라는 인도네시아에서 가장 큰 섬이다. 커피는 북부지역(아체, 린통)과 남부지역(람풍, 벵쿨루, 망쿠라자)에서 재배된다. 수마트라 섬에서는 보통 여러 가지 품종의 커피나무를 함께 심어 키우기 때문에, 자연적인 교배가 활발하게 일어난다. 주 재배품종은 로부스타품종으로 75%를 차지하며, 아라비카종은 25%를 차지한다. 수확 시기는 10월부터 이듬해 3월까지이다. 수확한 커피체리는 '길링바사'[5]라는 수마트라 특유의 전통 방식으로 가공된다. 길링바사 가공방식은 습기가 많아 건조가 쉽지 않은 인도네시아의 기후에 적합한 가공방식으로 가공된 생두는 암녹색을 띤다. 이 가공방식의 단점은 가공 중 생두가 망가지거나 얼룩이 생길 수 있다는 것이다.

수마트라 지역에서 재배된 커피는 묵직한 나무의 느낌이 나고 산미가 약하다. 삼나무, 흙, 향신료, 발효된 과일, 허브, 코코아, 담배, 가죽 등의 향미 특성이 있다.

b. 술라웨시(Sulawesi)

술라웨시에서 생산되는 아라비카종은 인도네시아 전역에서 생산하는 아라비카종의 95%정도를 차지한다. 가장 유명한 재배지역은 타나토라자 지역이다. 술라웨시에서 재배되는 커피는 이곳 원주민 부족의 이름이 붙는다고 한다. 이 밖에도 마마사, 엔레캉, 고와&신잘 등의 지역에서 재배한다. 가장 많이 재배하는 품종은 티피카의 교배종인 S795이다. 술라웨시에서는 전통적인 길링바사 방식으로 커피를 가공하여 생두색깔이 인도네시아 특유의 암녹색을 띤다. 오늘날에는 커피의 품질을 높일 수 있다는 기대로 워시드 방식으로 가공하기도 한다. 술라웨시에서 재배된 커피는 포도, 베리류, 견과류, 향신료와 허브향의 향미가 난다. 또한 산미가 약하면서 감칠맛이 나고, 풍부한 질감이 느껴지는 것이 특징이다.

5 길링바사(Giling Basah)는 인도네시아어로 '젖은 파치먼트'를 의미한다. 발효까지는 워시드 방식과 같은 방법으로 마치고, 두 번에 걸쳐 건조하는 방식이다. 가공 방법은 커피체리의 열매와 과육을 제거한 후 수조에 담가서 발효시켜 점액질을 제거한다. 점액질 제거 후 수분이 40%로 떨어질 때까지 건조한다. 파치먼트 제거기로 파치먼트를 제거한 후 단시간에 건조시킨다.

c. 자바(Java)

자바 커피의 시작은 1696년 자바 서부의 자카르타 인근에서 처음 묘목을 심으면서 시작되었다. 그러나 처음 심은 묘목은 홍수를 이기지 못해 살아남지 못하였다. 이후 3년 뒤에 심은 묘목이 성공적으로 뿌리를 내림으로써 자바의 커피산업이 시작되었다.

그러나 1876년 전 세계에 불어 닥친 커피녹병의 피해로 티피카품종이 대부분 죽게 되었다. 이를 해결하기 위해 국가 차원에서 대대적으로 로부스타 품종을 도입하여 재배하기 시작하였다. 그렇게 1950년대까지는 로부스타품종의 재배가 주를 이루었고, 아라비카종은 전체 생산량의 약 10%를 차지하는 정도였다. 오늘날에는 티피카, 아텡, 젬버와 같은 아라비카종의 재배가 조금씩 시작되고 있다.

자바의 커피 농업은 동부에 있는 이젠 고원을 중심으로 플랜테이션(일종의 국영기업) 형태로 이루어진다. 이 곳에서 가공되는 생두는 자체적으로 워시드 방법을 사용하기 때문에 인도네시아의 다른 지역에서 생산되는 생두들보다 깔끔한 특징이 있다. 자바 섬에서 재배되는 커피는 일반적으로 산미가 약하고 견과류나 흙 향이 나며, 묵직한 바디감을 가지고 있다.

③ 베트남

▲ 그림 38. 베트남 로부스타

베트남에서는 1857년부터 커피를 재배하기 시작하였다. 20세기 초 농민들이 정치개혁을 계기로 주 소득원을 커피로 삼으면서 생산량이 급증하기 시작하였다. 그리하여 불과 10년 만에 세계 커피 생산량 2위에 올랐다. 그러나 문제는 질이 좋지 않은 로부스타품종이 커피 시장에 넘쳐나는 바람에 베트남 로부스타품종에 대한 사람들의 인식이 좋지 않다는 것이다.

오늘날에는 베트남 정부가 나서서 수요와 공급을 조절하고 있다. 베트남에서는 로부스타품종의 생산이 95%를 차지하며, 아라비카종도 소량 생산된다.(그림 38) 베트남의 커피 수확 시기는 10월에서 이듬해 4월까지 이루어진다. 주된 가공방식은 내추럴 방식이며, 일부는 워시드 방식으로 가공한다.

④ **중국**

▲ 그림 39. 중국 카티모르

중국에서 커피가 재배되기 시작한 시기는 1887년에 서양의 선교사가 커피를 윈난(운남)으로 들여온 것으로 시작된다. 그러나 중국은 예로부터 차를 주 재배원으로 삼았고, 차를 즐기는 민족이었기 때문에 커피가 정부의 지원을 받기까지는 100여년 이라는 시간이 걸리게 되었다. 최근에는 중국 정부가 커피 산업에 관심을 가지고 신기술을 도입하여 재배 여건이 나날이 좋아지고 있다. 그리하여 매년 총 생산량이 10%이상 꾸준히 증가하는 추세이다.

중국에서는 주로 아라비카종을 생산하고, 그 중에서도 카티모르와 티피카 품종을 재배하고 있다. (그림 39) 커피의 수확 시기는 11월에서 이듬해 4월에 이루어지며, 가공방식은 워시드 방식과 내추럴 방식을 사용하고 있다.

중국에서 커피나무를 재배하는 주요 지역은 푸얼, 린창, 쿤밍, 더홍, 원산이다. 그 중 윈난성은 중국 전체 커피의 95%를 생산하는 곳이다. 이 곳에서는 대부분 카티모르 품종을 재배하지만 바오산에서는 버번과 티피카 재래품종도 소량 생산한다. 향미특성은 대체로 산미가 약하면서 견과류나 곡물의 느낌이 난다.

중국 남부 연안의 끝에 있는 하이난 섬은 해마다 로부스타품종을 300~400kg 정도 생산한다. 이 곳에서 자란 커피는 나무의 향미가 나며 묵직한 바디감을 지니고 있다.

중국의 푸젠 지역은 중국 최대의 차 산지이기도 하지만, 로부스타품종을 재배하기도 한다. 이곳에서 재배된 커피는 대체로 산미가 약하고 묵직한 바디감을 가지고 있다.

⑤ 한국

한국은 지리적 위치상 위도가 33~43°로 커피 재배가 힘든 기후특성이기 때문에 비닐하우스를 이용한 재배가 이루어지고 있으며, 생산량이 많지 않아 시중에서의 거래는 활발하지 못한 실정이다.(그림 40)

▲ 그림 40. 고흥커피사관학교 온실

국내 커피 생산은 전라남도 고흥군이 가장 많은 생산량을 보이고 있으며, 제주도, 강원도 강릉, 전라남도 담양, 충청북도 음성 등지에서도 재배를 하고 있다. 하지만 생산농장 형태보다는 체험형 농장 형태의 재배가 주로 이루어지고 있다. (그림 41)

▲ 그림 41. 고흥커피사관학교의 핸드드립 체험

고흥군 커피는 고흥군이 2011년 국내 최초로 시험재배에 성공한 후 지역의 특화작물로 재배하는 작물이다. 고흥군의 커피 재배 현황은 현재 14개 농가에서 49,920주를 재배하며, 커피체리의 생산량은 2,998kg으로, 국내 전체 생산량(전국 커피재배 면적 7.4ha)의 32%를 차지한다.

고흥군의 커피는 낮은 고도에서 자랐기 때문에 크기가 작고 형태가 균일하지는 않다. 2019년 발표된 충남대학교 식품영양학과의 "한국 고흥산 커피의 Gas Chromatograph-Ion Mobility Spectrometer에 의한 향기 특성 분석" 논문[6]에 의하면 그림 42와 같이 고흥군 커피의 향기 특성은 달콤한 꽃향기와 코코넛과 유사한 향기 특성을 갖는 1-propanol과 과일, 주스 향기 특성을 갖는 ethyl propanoate로 5종의 외국산 커피에 비하여 높게 나타났으며, 시큼하고 쓴향과 유사한 향기 특성을 갖는 pyridine은 5종의 외국산 커피보다 가장 낮게 감지되어 쓴향은 약하고 달콤한 향이 강한 향기 특성을 나타냈다.

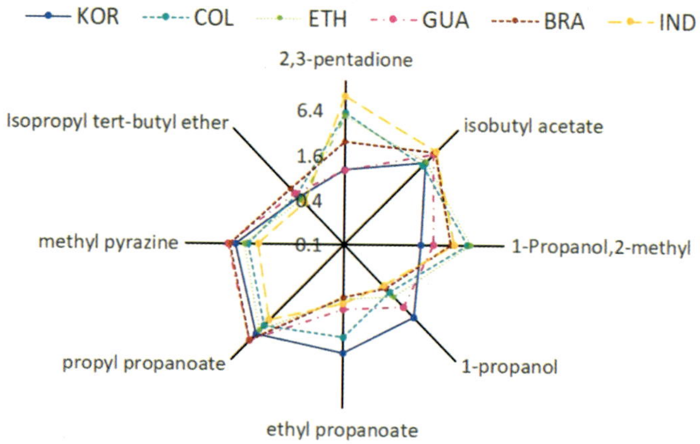

▲ 그림 42. Positive fragrance profiles of the 6 different roasted coffee samples by country of origins.

제주도의 커피는 생산량이 많지 않아 주로 체험형 재료로 이용되고 있지만, 제주커피수목원의 경우 커피생두를 이용한 와인과 꼬냑 제조 기술을 개발하여 시판하는 등 커피를 이용한 융·복합 산업도 이루어지고 있다.(그림 43)

6 문상윤, 백승연, 김미리(2019) 한국 고흥산 커피의 Gas Chromatograph-Ion Mobility Spectrometer에 의한 향기 특성 분석, Korean J. Food Preserv. 26(5).

▲ 그림 43. 제주커피수목원의 커피와이너리

(3) 아메리카

① 브라질

▲ 그림 44. 브라질 버번

브라질에 커피가 전해진 시기는 18세기에 포르투갈인에 의해서이다. 브라질로 전해진 커피는 해마다 생산량이 급등하여 1920년대에는 전 세계 커피 생산량의 80%를 차지할 정도로 거대한 산업을 형성하였다. 시간이 흐르고 다른 국가들의 커피 산업 발전으로 인해 오늘날에는 시장 점유율이 35% 정도를 차지한다. 그러나 브라질은 여전히 세계 커피 생산량의 1위를 차지하고 있다.

브라질의 커피재배는 1975년에 서리로 인해 심각한 피해를 입은 후 많은 커피 농가들이 미나스제라이스 지역으로 옮겨 새로운 터전을 잡았다. 현재에는 이 곳에서 브라질 커피 생산량의 절반 이상을 재배하고 있으며, 세계 커피 생산량 2위를 차지하는 베트남의 커피 생산량과 비슷한 양이 재배된다.

현재 브라질에는 약 30만 가량의 커피 농가들이 있다. 농가의 규모는 소규모 농장부터 대규모 농장까지 널리 분포되어 있다. 이들 농가는 수익성과 생산성을 중시하면서 현대적인 농법을 준수하는 대규모 농장들과, 유기

농법에서 더 나아가 가능하면 농기계와 화학비료를 쓰지 않고 생태계를 보호하려는 농장들로 이루어져 있다.

브라질은 1999년 커피 경매 프로그램인 컵 오브 엑셀런스(Cup of Excellence: C.O.E)를 처음으로 개최한 나라이기도 하다.

브라질에서는 70~80% 정도는 아라비카종을 재배하고, 나머지 20~30% 정도는 로부스타품종을 재배한다. 아라비카종의 주 재배품종은 문도노보, 이카투, 카투라, 카투아이, 버번 종 등이다. 수확 시기는 5월에서 8월정도이며, 가공방식은 내추럴 방식과 워시드 방식, 펄프드 내추럴 방식을 모두 사용한다. (그림 44)

브라질 커피는 아주 약한 신맛과 단맛, 견과류의 고소한 맛과 향을 지니고 있어서 에스프레소용 블렌딩 커피로 많이 사용되고 있다.

② 콜롬비아

▲ 그림 45. 콜롬비아 카투라

콜롬비아에는 커피가 18세기에 들어오고, 19세기 초부터 상품화되었다.

콜롬비아의 지형 자체는 산의 경사면이 가파르기 때문에 기계의 사용이 어렵고, 나무가 많지 않아 산이 쉽게 침식되는 등 커피를 재배하기에 좋은 자연적 조건이 열악하다. 그러나 안데스산맥이 주변 기후와 다른 국지적 기후 현상인 미기후를 만들어 일 년 내내 수확이 가능하다는 장점이 있다. 이러한 이유로 콜롬비아의 커피 농장주들은 양보다는 품질에 초점을 맞추어 품질이 좋은 아라비카종을 재배하려고 노력한다. (그림 45)

오늘날 콜롬비아의 수출품 중에서 커피가 차지하는 비율은 약 10%정도이지만, 커피는 여전히 콜롬비아를 상징하는 농산물로 통한다. 그 예로 한 허구의 캐릭터는 콜롬비아 커피의 평판을 올리는 데 크게 기여하였다.

1960년에 뉴욕의 광고대행사였던 도일 데인 번박(DDB, Doyle Dane Bernbach)이 품질인증마크인 '카페 데 콜롬비아(Cafe de Colombia)'에 후안 발데즈(Juan Valdez)라는 허구의 캐릭터를 만들어냈다. 노새와 함께 서있는 서민의 모습을 한 커피 생산자의 이미지는 낭만적인 느낌을 자아내기에 충분하였다.

콜롬비아 커피의 특징은 중간 정도의 신맛과 단맛, 적당한 바디감을 가지고 있다. 그리고 풍부한 향미가 나는 것으로 유명한데, 달콤함, 견과류, 초콜릿의 향부터, 꽃, 과일, 열대과일의 향까지 복합적인 향이 난다.

콜롬비아 커피의 대표 생산지인 톨리마(Tolima) 지역의 커피는 달콤하면서 균형 잡힌 꽃향기가 나고, 후일라(Huila) 지역의 커피는 과일향이 진하고 산미가 강하며, 묵직한 바디감을 가지고 있다. 그리고 콜롬비아 내에서 약 3%의 커피를 생산하고 있는 나리뇨(Narino) 지역의 커피는 부드러운 질감에 과일의 상큼한 맛이 난다.

이밖에도 카우카(Cauca) 지역은 단맛이 강하고 꽃과 베리류의 향을 느낄 수 있으며, 산탄데르(Santander) 지역에서는 대부분 저지대에서 그늘재배를 하기 때문에 흙 향이 나고 약한산미를 지닌 커피가 재배된다.

③ 과테말라

과테말라에 커피가 들어온 시기는 예수회의 선교사들을 통해 18세기 중반에 들어온 것으로 추정된다. 그리고 유럽에 처음으로 수출한 시기는 1859년이다.

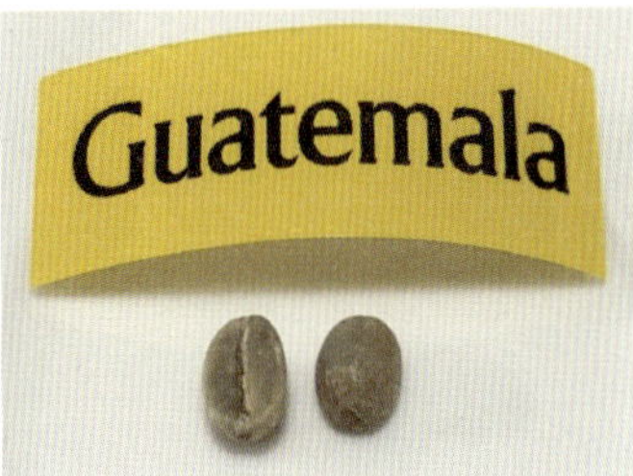

▲ 그림 46. 과테말라 카투아이

과테말라는 화산재로 인한 비옥한 토양과 드넓은 평야로 이루어져 있고, 지역마다 강수량의 차이가 심한 특징을 가지고 있어 생산된 커피는 지역마다 다양하고 독특한 향미의 특성을 지니고 있다. 또한 지역 내에서도 품종과 미기후에 따라 향미의 차이가 크게 난다.

화산이 없는 우에우에테낭고(Huehuetenango)는 강수량이 적고 수확기가 늦다. 이 곳에서 재배된 커피는 꽃과 과일의 향이 나며 과테말라 커피 중에서 가장 복합적이고 뛰어난 향미를 낸다.

우림지역인 코반(Cobán)은 해발 1,300~1,400m에 위치해 있다. 이 지역은 기온이 낮지만 강우량이 많아 습하다. 이러한 기후 조건으로 인해 이곳에서 나는 커피는 과일과 향신료의 향미와 묵직한 바디감을 가지고 있다. 비옥한 화산토로 이루어진 아카테낭고(Acatenago) 지역의 커피는 산미가 강하고 복합적인 맛을 내는 특성이 있다.

과테말라에서 최초로 커피를 재배하기 시작한 안티구아(Antigua) 지역은 선선하고 건조한 날씨의 영향으로 달콤하면서 견과류, 초콜릿, 향신료의 향미가 다양하게 나타난다. 아티틀란 호수에서 재배되는 커피는 밝고 상큼한 맛에 초콜릿 향이 나고, 묵직한 바디감을 갖는다.

전체 커피 재배 면적은 약27만 헥타르에 달하며, 과테말라에서는 베네피시오(beneficio)라고 하는 소규모의 세척장이 발달하여 소단위로 상품을 생산하고, 상품이력의 추적이 보장된다. 중요 공정 단계를 자율적으로 관리하기 위해 점점 더 많은 커피 생산자들이 소규모 세척장을 갖추고 있는 추세이다. 과테말라에서는 버번과 카투라, 티피카, 카투아이, 마라고지페 등 아라비카종을 위주로 재배하고, 주된 가공방식으로 워시드 방법을 선택한다.(그림 46) 일부 남서부의 저지대에서는 소량으로 로부스타품종을 재배하기도 한다.

④ 엘살바도르

엘살바도르에 커피가 들어온 것은 19세기이다. 처음에 커피가 들어왔을 때는 내수용으로 소비되었으나, 1880년경부터는 정부에서 커피의 수출을 장려하였다.

오늘날에는 약 2만 명의 생산자들이 중간 규모의 농장에서 커피나무를 재배한다. 엘살바도르는 60%이상 버번 품종을 재배하고, 나머지는 대부분 파카스 품종을 재배한다. 그리고 엘살바도르에서 탄생한 품종인 파카스와 마라고지페를 교배한 파카마라 품종을 소량 재배한다.(그림 47)

▲ 그림 47. 엘살바도르 파카스

11월에서 이듬해 3월까지 수확을 하며, 가공방식은 워시드 방식을 주로 사용하고, 일부는 내추럴 방식으로 가공한다. 풍미가 좋기로 유명한 엘살바도르의 커피는 크림 같은 부드러움과 달콤함, 건과일, 감귤류, 초콜릿과 캐러멜을 연상시키는 향미를 지니고 있다. 더불어 맛의 밸런스가 좋으며 풍부한 바디감을 가지고 있다.

엘살바도르에서는 대부분 셰이드 트리 방식으로 커피를 재배하고 있어 토양 침식과 산림 파괴를 막아주고, 야생동물의 서식지가 잘 보존되어 있다.

엘살바도르는 가공시설과 생산이력관리제도가 잘 갖추어져 있고, 최근에는 생산자들이 스페셜티 커피 시장에 주목하면서, 커피의 품질 향상에 노력을 기울이고 있다.

⑤ 코스타리카

코스타리카는 18세기에 커피 재배를 처음 시작하여, 1832년부터 유럽으로 커피를 수출하기 시작하였다. 코스타리카는 자국의 커피 생산에 대한 자부심이 강하다. 티피카, 카투라, 빌라사치 등 아라비카품종을 보호하기 위해 로부스타의 재배를 법적으로 금지하고 아라비카종만을 생산하고 있다. 그리고 생태계를 보호하고 커피산업을 안정시키기 위해 환경보호 규정을 엄격하게 규정하고 있다.(그림 48)

또한 2000년대에 들어서면서 스페셜티 커피 시장의 규모가 커지자 소규모의 생산자들이 자체적으로 수확물을 처리할 수 있도록 소규모의 세척장

▲ 그림 48. 코스타리카 빌라사치

을 설치하였다. 이전까지는 여러 농가에서 생산한 생두를 한데 모아 처리하였으나, 이제는 소규모 생산자들이 생두를 자체적으로 처리하고 관리함으로써 커피의 품질을 높일 수 있게 되었고, 생산이력의 추적까지 가능하게 되었다.

그리고 이러한 시스템 덕분에 코스타리카의 커피 생산자들은 '허니 프로세싱(honey processing)'라고 하는 다양한 건조방식을 시도할 수 있게 되었다. 이 방식으로 생두를 가공하면 파치먼트에 점액질을 남기는 비율을 조절할 수 있게 된다. 점액질이 많이 남아 있을수록 생두를 건조할 때 파치먼트의 색깔이 진해진다. 그리하여 코스타리카에서는 점액질을 제거하는 비율에 따라 허니 프로세싱의 단계를 '블랙 허니(최소), 레드 허니(5~50%), 옐로우 허니(50~75%), 화이트 허니(80~90%)'로 나누어 구분하고 있다.

코스타리카에서는 지역마다 수확기가 다르다는 것이 특징이며, 가공 방식은 허니 프로세싱, 내추럴, 워시드 방식을 다양하게 사용하고 있다. 코스타리카 커피는 여러 가지 감귤류와 꽃의 향을 가지고 있어서 복합적인 단맛을 내면서도 기분 좋은 신맛과 안정된 질감을 가지고 있다.

⑥ 니카라과

니카라과는 19세기 중반부터 커피 재배를 시작하였다. 수출품 중 커피가 주력 상품임에도 불구하고 허리케인이라는 무서운 자연재해와 계속되는 정치적, 경제적 불안 때문에 커피 산업은 크게 성장하지 못하였다. 니카라과의 커피 생산자들은 약 4만 명 정도이고, 이 중 80% 정도는 평균 3헥타르의 재배면적을 가지고 있는 영세농이다.

이전에는 대규모의 수확물 처리장에 여러 농장에서 재배된 생두들이 뒤섞여 처리되어 생산이력을 추적하기가 어려웠다. 그러나 요즈음에는 생산자들이 생산이력추적의 중요성과 고품질 커피의 중요성을 깨달아 제반시설 확충에 큰 노력을 기울이고 있으며 스페셜티 커피 시장에서 입지를 굳히기 위해 노력을 다하고 있다.

▲ 그림 49. 니카라과 버번

니카라과에서는 대부분 버번과 파카마라, 카투라, 카투아이, 마라고지페, 카티모르 등 아라비카종을 재배하고 있다. 그리고 마라고지페와 카투라의 교배종인 마라카투라 품종을 재배하는데, 마라카투라는 생두의 크기가 큰 편이며 니카라과에서 재배하더라도 케냐의 커피와 비슷한 맛을 낸다는 특징이 있다.(그림 49)

보통 생산자들은 화학비료를 살 돈이 없어서 유기농법으로 커피를 재배한다. 그러나 요즘에는 커피나무에 더 많은 커피체리가 맺히도록 비료를 쓰고 가지치기를 하는 등 생산성을 늘리기 위해 노력하고 있다. 수확된 생두는 워시드, 내추럴, 펄프드 내추럴 방식으로 가공된다. 니카라과 커피의 향미특성은 달콤한 초콜릿사탕과 밀크 초콜릿의 맛이 나며, 적당한 산미, 꽃, 허브, 꿀의 향과 감칠맛이 나는 등 다양한 향미를 가지고 있다. 그리고 지역에 따라 커피 향미의 특성이 다르다는 것이 특징이다.

누에바세고비아(Nueva Segovia) 지역의 커피는 산미가 강하고, 적당히 달콤하며 다양한 향신료와 건과일의 느낌이 복합적으로 난다. 히노테가(Jinotega) 지역에서 재배되는 커피는 산미가 강하면서 가벼운 느낌이 나고, 코코아와 베리류의 향을 가지고 있다. 에스텔리(Estelí) 지역의 커피는 벨벳 같은 질감에 달콤함과 꽃향기, 노란색 과일 계열의 향미가 나는 것이 특징이다.

마타갈파(Matagalpa)의 커피는 감귤류의 산미와 크림 같은 부드러운 질감에 꽃향기가 나고 단맛이 두드러지는 것이 특징이다.

⋮ 5. 커피생두의 등급 ⋮

1) 커피생두의 특징

커피생두는 커피나무의 열매, 즉 커피체리의 씨앗이다. 이 커피체리의 씨앗이 수확과 가공, 로스팅을 거친 후 우리가 마시는 커피의 원료인 커피원두가 된다.

▲ 그림 50.커피체리 외과피

▲ 그림 51. 커피체리 속 커피생두

▲ 그림 52.커피 내과피

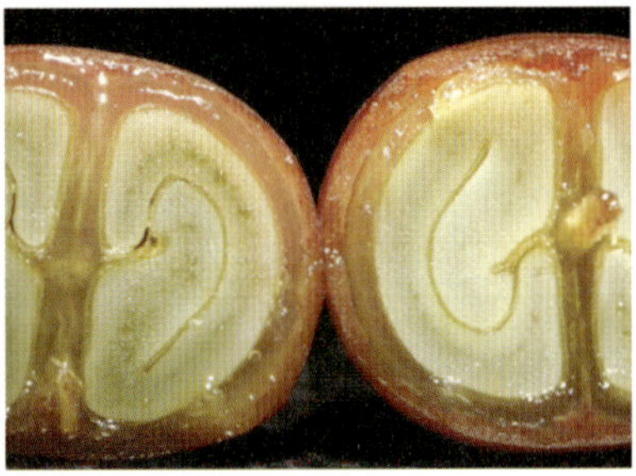

▲ 그림 53. 커피생두의 단면

커피생두는 그림 50과 같은 커피체리 안에 두개가 자리 잡고 있다.(그림 51) 커피체리를 벗겨내면 그림 52와 같이 내과피(파치먼트)가 있다. 커피생두를 단면으로 자른 것은 그림 53과 같으며, 커피생두의 구조는 외과피(외피), 과육(펄프), 점액질(뮤실리지), 내과피(파치먼트), 은피, 생두, 센터컷으로 구성되어 있다.(그림 54)

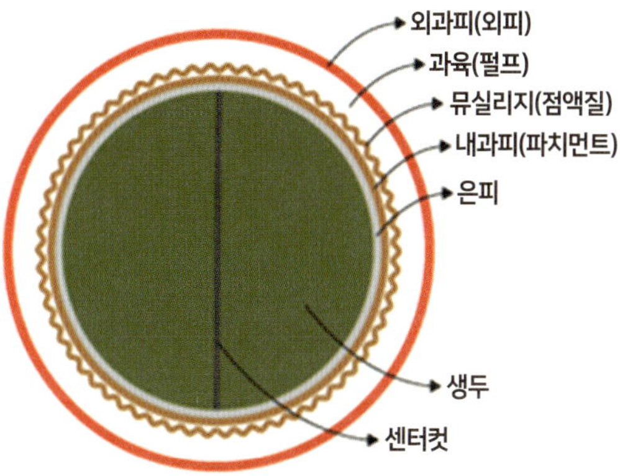

▲ 그림 54. 커피생두의 구조

커피생두는 다당류의 3차원 셀룰로오스 구조를 하고 있으며, 100 만여 개의 세포가 자리하고 있다. 정상적으로 성장한 생두는 그림 55, 56과 같이 구조 사이사이가 빼곡히 채워져 있지만, 성장을 잘 하지 못하거나 생장하면서 미생물에 의한 피해를 입은 생두는 그림 57과 같이 구조 사이사이가 비어있게 된다.

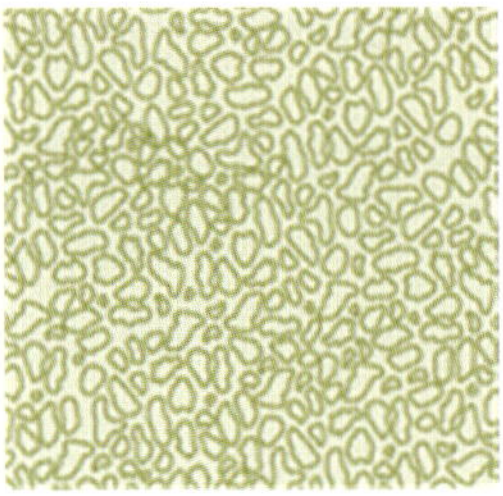
▲ 그림 55. 커피생두의 구조 1

▲ 그림 56. 커피생두의 구조 2

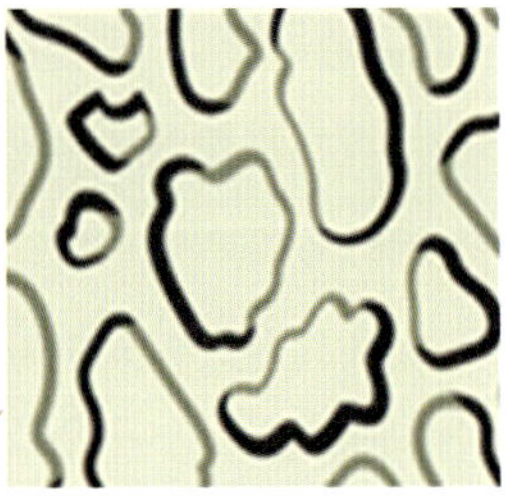
▲ 그림 57. 불량 커피생두의 구조

위의 그림 56과 같이 커피생두는 셀룰로오스 구조에 수백 개 이상의 화학 성분이 있으며, 이 화학적 성분은 열에너지에 의해 개성 있는 커피 향미를 만들어낸다.

커피는 종이나 품종별로 화학 조성이 다르다. 아라비카종과 카네포라종(로부스타)의 화학 조성은 표8과 같다.

일반적으로 아라비카가 로부스타에 비해서 탄수화물(자당, 환원당) 함량이 상대적으로 많은 반면에 무기질, 카페인 및 클로로겐산 함량은 로부스타가 상대적으로 많다.

▌표 8 . 아라비카종과 카네포라종(로부스타)의 화학 조성

조성	건조 무게에서 성분 함량(%)	
	아라비카	카네포라(로부스타)
카페올	0.7 ~ 1.1	NA
카페인	0.6 ~ 1.5	2.2 ~ 2.7
클로로겐산	6.2 ~ 7.9	7.4 ~ 11.2
자당, 환원당	5.3 ~ 9.3	3.7 ~ 7.1
유리 아미노산	0.4 ~ 2.4	0.8 ~ 0.9
스트렉서-활성	0.1 ~ 0.5	0.2 ~ 0.3
아라반	9.0 ~ 13.0	6.0 ~ 8.0
만난	25.0 ~ 30.0	19 ~ 22
기타 다당류	8.0 ~ 10.0	8.0 ~ 10.0
트리글리세라이드	10.0 ~ 14.0	8.0 ~ 10.0
단백질	12.0	12.0
트리고넬린	1.0	1.0
기타 지질	2.0	2.0
기타 산	2.0	2.0
회분	4.0	4.0
총량	99.0 ~ 114.0	86.0 ~ 107.0

* 총량은 커피의 건조 무게를 100%로 잡았을 때 낮은 수치와 높은 수치를 합산한 수치를 나타낸다.

Clifford and Wilson(1985)

(1) 탄수화물(자당, 환원당)

커피생두 속의 당은 생두에서 6~9%를 차지하고 있으며, 커피 추출액에서 단맛을 낸다. 또한 커피 속의 당은 커피 로스팅 중 캐러멜화 되기 때문에 커피에서 신맛을 내는데 기여한다. 아라비카종 커피에 더 많이 함유되어 있다.

(2) 지방

커피생두 속의 지방은 생두에서 약 16% 정도를 차지하고 있으며, 커피의 독특한 향을 발현시키며 유지시키고, 입안에서 느껴지는 커피 추출액의 질감에 영향을 끼친다. 또한, 커피 속의 지방은 커피 산패에 관여하기도 한다.

(3) 단백질

커피생두 속의 단백질은 생두에서 약 12% 정도를 차지하며, 생두 속의 아미노산과 환원당은 로스팅을 통해 메일라드 반응을 일으켜 커피가 갈색을 띠는데 관여하며, 다양한 향미를 만들어낸다. 유리아미노산은 아라비카종 커피에 더 많다.

(4) 수분

커피생두 속의 수분은 약 10~12% 정도이다. 수분 함량이 10%이하일 경우 커피원두의 색이 연해지며, 커피 추출액에서 좋지 않은 향이 나타날 수 있다. 또한, 수분 함량이 12% 보다 높으면, 생두 보관 중 곰팡이 발생에 의한 피해를 입을 가능성이 높아진다.

(5) 유기산

커피생두 속의 유기산 중 가장 많은 비중을 차지하고 있는 성분은 클로로겐산으로 7~10% 정도 차지하고 있다.

(6) 알칼로이드 성분

커피생두 속의 알칼로이드 성분인 카페인과 트리고넬린은 생두에서 약 1% 씩 차지하고 있으며, 커피의 쓴맛과 각성효과를 나타낸다.

카페인은 로부스타에 더 많이 함유되어 있다. 카페인은 커피나무가 성장하면서 해충에 대한 방어기제 작용으로 카페인을 생성한다. 고지대 커피는 해충에 대한 피해가 적기 때문에 고지대 커피일수록 카페인의 함량이 적은 경향을 보인다.

또한, 트리고넬린은 식물 대사 조절물질로써 세포주기를 조절하고, 삼투압을 조절한다.

트리고넬린은 로스팅 과정에서 높은 열 (약 210도~220도)에 의해 가열되면 탄소(메틸기)가 떨어져나가 비타민 B3인 Niacin이 생성된다. (그림 58)

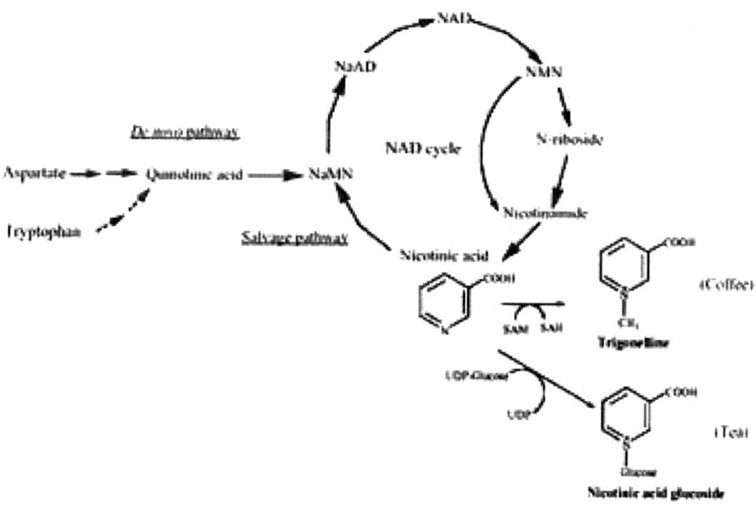

▲ 그림 58. 커피에서 NAD 회로와 트리고넬린 생합성 경로
(Braz. J. Plant Physiol. vol.18 2006, Hiroshi Ashihara)

(7) 클로로겐산

커피 품종 중 로부스타에 클로로겐산이 더 많이 함유되어 있다.

클로로겐산은 카페인, 트리고넬린과 함께 품종을 구분하는 척도로 사용된다.

커피의 종과 품종별로 클로로겐산의 존재 형태가 다르기 때문에 품종 판별에 사용될 수 있다. 습식 처리한 커피가 건식 처리한 커피에 비해 클로로겐산 함량이 높다는 보고도 있다.

2) 커피생두의 등급

커피생두의 등급은 생산지별로 생산고도, 생두의 크기, 결점두에 따라 분류한다.

(1) 생산고도에 따른 분류

생두는 고도가 높을수록 기온이 낮아 생장속도가 느리므로 밀도가 높고 맛과 향이 좋아 품질이 뛰어나다.(표 9)

▌표 9. 생산고도에 따른 등급

나라	등급	생산고도
코스타리카	S.H.B(Stricktly Hard Bean)	1,200~1,650m
	G.H.B(Good Hard Bean)	1,100~1,250m
	H.B(Hard Bean)	800~1,100m
	M.H.B(Medium Hard Bean)	500~1,200m
과테말라	S.H.B(Stricktly Hard Bean)	1,400m이상
	H.B(High Bean)	1,200~1,400m
	S.H(Semi Hard Bean)	1,000~1,200m
	E.P.W(Extra Prime Washed)	900~1,000m
	P.W(Prime Washed)	750~900m
	E.G.W(Extra Good Washed)	600~750m
	G.W(Good Washed)	600m이하
멕시코	S.H.G(Stricktly High Grown)	1,700m이상
	H.G(High Grown)	1,000~1,600m
	P.W(Prime Washed)	700~1,000m
	G.W(Good Washed)	700m이하

(2) 생두크기에 따른 등급

생두의 크기는 표10과 같이 숫자로 표기되며 숫자는 생두를 세로로 놓았을 때 가로 즉 폭의 길이를 의미한다.

예를 들면, 스크린 사이즈가 20인 경우, 커피 폭의 길이가 20으로 20/64 inch=7.94 mm이상이다.

표 10. 생두 크기에 따른 분류

<table>
<tr><th rowspan="3">크기</th><th colspan="5">국가</th></tr>
<tr><th>콜롬비아</th><th>케냐</th><th>탄자니아</th><th colspan="2">하와이</th></tr>
<tr><th colspan="4">등급</th><th>결점두 수</th></tr>
<tr><td>20</td><td></td><td></td><td></td><td rowspan="2">Kona Extra Fancy</td><td rowspan="2">10개 이내</td></tr>
<tr><td>19</td><td></td><td></td><td></td></tr>
<tr><td>18</td><td></td><td>AA</td><td>AA</td><td>Kona Fancy</td><td>16개 이내</td></tr>
<tr><td>17</td><td>Supremo</td><td>A</td><td>A (17~18)</td><td rowspan="8">Kona Caracoli No.1</td><td rowspan="8">20개 이내</td></tr>
<tr><td>16</td><td rowspan="3">Excelso</td><td rowspan="2">AB</td><td>B (16~17)</td></tr>
<tr><td>15</td><td>C (15~16)</td></tr>
<tr><td>14</td><td>C</td><td></td></tr>
<tr><td>13</td><td>U.G.Q(Usual Good Quality)</td><td rowspan="6">PB</td><td rowspan="6">PB</td></tr>
<tr><td>12</td><td>Caracoli</td></tr>
<tr><td>11</td><td></td></tr>
<tr><td>10</td><td></td></tr>
<tr><td>-</td><td></td><td>Kona Prime (스크린 사이즈와 무관)</td><td>25개 이내</td></tr>
<tr><td>-</td><td></td><td>PB</td><td></td></tr>
</table>

(3) 결점두의 수

결점두는 생두 300g 중 결점두의 수를 측정하여 등급을 분류한다. 브라질의 경우 No.2 부터 No.6 까지 5등급으로 분류를 하며, 에티오피아는 G1 부터 G8 까지 8등급으로 분류를 한다. 인도네시아는 G1 부터 G7 까지 7등급으로 분류를 하고 있다.(표 11)

▌표 11. 결점두의 수로 등급을 분류하는 국가

나라	등급	결점두 수
브라질	No.2	4
	No.3	12
	No.4	26
	No.5	46
	No.6	86
에티오피아	Grade 1	3개 이하
	Grade 2	4~12개
	Grade 3	13~25개
	Grade 4	26~45개
	Grade 5	46~100개
	Grade 6	101~153개
	Grade 7	154~340개
	Grade 8	340개 이상
인도네시아	Grade 1	11개 이하
	Grade 2	12~25개
	Grade 3	26~44개
	Grade 4	45~60개
	Grade 5	61~80개
	Grade 6	81~150개
	Grade 7	151~225개

3) 결점두

커피생두는 생산지의 수확에서부터 가공, 포장과 보관 과정에서 이물질의 혼입, 발효 또는 곰팡이 발생 등의 문제가 발생할 수 있다.

대부분의 결점두는 로스팅 시 가열을 통해서 문제가 제거될 수 있지만, 곰팡이로 인한 곰팡이 독소인 오크라톡신A(ochratoxin A)은 가열을 통해서도 제거하기가 쉽지 않다. 따라서 결점두 선별 작업을 통해 곰팡이에 의한 피해가 있는 커피생두들을 제거하는 것이 가장 좋은 방법이다.

특히 오크라톡신A는 내열성으로, 240℃ 이상의 고온에서도 수 분간 활성을 유지할 뿐 아니라 인체 내에서는 암을 유발하는 등 심각한 문제를 야기시킬 수 있다.

커피생두의 결점두는 발생하는 원인에 따라 각기 다른 명칭을 가지며 그로 인해 발생되는 향미의 결점과 문제점들이 조금씩 다르다. SCAA(미국스페셜티커피협회)[7]에서는 커피의 생산과 가공, 보관 시 발생할 수 있는 결점두를 총 13개로 분류하여 결점두의 생성원인과 커피향미에 미치는 영향을 설명하고 있다.(표 12)

이중 꼭 제거를 해야 하는 결점두 중 첫 번째는 생두 전체가 검게 변한 'Full Black Bean'이다. 이 결점두는 미생물과 연관된 과발효로 인해 발생한다. 향미 결점은 악취, 곰팡내, 시큼한 맛을 띠며 오스크라톡신A의 위험이 있다.

두 번째는 부분적으로 검녹색 또는 검푸른색을 띠는 'Fungus Damage Bean'이다. 이 결점두는 *Aspergillus*(누룩곰팡이), *penicillium molds*(페니실륨 곰팡이)로 인해 유발되며, 흙 맛과 시큼한 맛과 같은 향미결점을 띠며, 오크라톡신A의 위험성이 있다.

---

7 미국스페셜티커피협회[Specialty Coffee Association of America] : 1982년 스페셜티(Specialty) 커피의 기준과 무역에 관해 논의하는 커피 전문가들의 모임에서 시작됐으며, 스페셜티 커피업계의 발전과 회원간의 교류를 목적으로 하는 비영리 단체로 원두의 재배, 수확, 유통, 로스팅 등 커피가 만들어지는 전 과정에서 스페셜티 커피가 갖춰야 할 기준을 만든다. (출처 : https://sca.coffee)

세 번째 'Insect Damage Bean'은 해충에 의해 피해를 입어 생두에 구멍이 생기고 그 구멍 주변에 푸른빛 또는 검 푸른빛, 검은색을 띠는 결점두이다. 쓴맛과 시큼한 맛, 곰팡이 냄새를 낼 수 있으며, 이 결점두 또한 오크라톡신 A의 위험성이 있다.

이처럼 커피생두의 품질 좋지 못하면 커피의 향미뿐만 아니라 음용자의 건강에도 좋지 못한 영향을 끼치게 되므로 커피생두의 철저한 품질관리와 등급을 분류하는 명확한 기준이 필요하다.

현재 다수의 로스터들은 표 12의 SCAA의 스페셜티 커피 기준 중 결점두 카테고리를 참고하여 좋은 품질과 좋지 못한 품질의 커피생두를 분류하고 있다.

▌표 12. 커피의 대표적인 결점두

결점두	커피 향미에 미치는 영향	외관
Full Black	발효취, 악취를 띤 맛, 지저분한 느낌, 곰팡내, 시큼한 맛, 페놀 맛 등이 난다.	 Full Black  Partial Black
Full Sour	시큼하고 발효된 맛이 난다. 발효 정도에 따라서는 썩은 악취를 내기도 한다.	 Full Sour 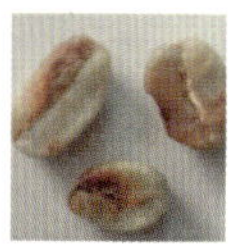 Partial Sour
Fungus Damaged	발효된 맛, 곰팡이 맛, 흙맛, 지저분한 맛, 페놀 맛을 유발한다.	
Insect Damage	지저분한 맛, 시큼하거나 쓴맛, 곰팡이 냄새가 난다.	 Severe  Slight

Dried Cherry / Pod	발효된 맛, 곰팡내, 페놀 맛이 난다.	
Immature / Unripe	일반적으로 풀잎 같은 향기, 짚의 향기 또는 풀잎 맛과 같은 커피 떫은맛의 주요 원천이다.	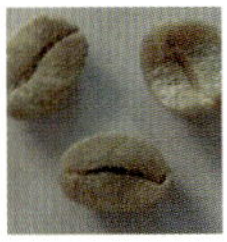
Withered	양의 많고 적음에 따라 잡초같은, 풀 같은, 지푸라기 같은 맛을 낸다.	
Shell	빨리 가열되어 탄 맛이나 숯 같은 향미를 낸다.	

SCAA Arabica Green Coffee Defect Handbook

SCAA 결점두 기준으로 생두 350g 중 첫 번째 결점 카테고리는 중요 결점 카테고리이다.(표 13) 결점 카테고리 1에서는 Full Black이 1개만 들어있어도 치명적인 결점으로 분류한다. Full Sour, Dried Cherry / Pod, Fungus Damaged, Foreign Matter도 각 1개씩 들어있으면 주요 결점두로 분류한다. 단 Severe Insect Damage는 5개가 들어있으면 주요 결점두로 분류한다.

두 번째 결점 카테고리는 첫 번째에 비해 양호한 결점 카테고리이다. 결점 카테고리 2에서는 부분적으로 검게 변한 Partial Black이나 부분적으로 노란빛을 띠는 Partial Sour이 3개 들어있으면 중요 결점두로 분류한다. 이 밖에 Parchment/Pergamino, Floater, Immature / Unripe, Withered, Shell, Broken/Chipped/Cut, Hull / Husk은 5개, Slight Insect Damage는 10개가 들어있어야 중요 결점두로 분류한다.

또한 원두는 100g 중 퀘이커[8]가 1개만 들어있어도 품질이 좋지 못한 원두로 분류된다.

▌표 13. SCAA의 결점두 카테고리

(샘플 중량 : 생두 350g, 원두 100g)			
Category1 Defects	Full Defect Equivalents	Category 2 Defects	Full Defect Equivalents
		Partial Black	3
		Partial Sour	3
Full Black	1	Parchment/Pergamino	5
Full Sour	1	Floater	5
Dried Cherry / Pod	1	Immature / Unripe	5
Fungus Damaged	1	Withered	5
Foreign Matter	1	Shell	5
Severe Insect Damage	5	Broken/Chipped/Cut	5
		Hull / Husk	5
		Slight Insect Damage	10

4) 커피생두의 평가

생두의 품질은 커피 향미에 큰 영향을 미친다. 생두는 보관 중 항상 변화가 일어나고 있기 때문에 보관 조건의 관리를 철저하게 해야 하며 생두의 색상, 수분량, 수확기간, 운송 방법도 잘 확인해야 한다.

(1) 색상

커피생두의 색상 범위는 청록색에서 연노랑색이며 수확시기, 가공방법, 가공 후 경과시간에 따라 다르게 나타난다. 습식법으로 가공하여 천일 건조한 커피생두의 경우 주로 청록색을 나타내며 건식법과 펄프드 내추럴 방

8 퀘이커[Quakers] : 미성숙한 커피생두가 로스팅되어 나온 것으로 퀘이커는 다른 커피원두에 비해 밝은 색을 띠고 있다.

식으로 가공한 경우에는 주로 녹색을 띠게 된다. 생두의 색상은 선도 판단의 기준 중 하나이기는 하지만 운송중이나 보관 중에 색상의 변화가 일어날 수 있기 때문에 절대적인 기준은 될 수 없다. SCAA에서는 표 14와 같이 커피생두의 색상을 분류하고 있다.

▌표 14. SCAA의 커피생두 색상 분류

Blue-Green(청녹색)	Bluish-Green(푸른빛녹색)

Green(녹색)	Greenish(녹색빛)

Yellow-Green(연녹색)	Pale-Yellow(연노랑색)

Yellowish(노랑빛)	Brownish(갈색빛)

(2) 수분량

수확되어 보관중인 커피생두의 정상적인 수분함량은 11~12%이지만, 보관 환경에 의해서 품질악화가 일어날 수 있다. 보관 장소의 상대습도가 75%를 넘어서게 되면 커피생두가 수분을 흡수하여 14.5% 이상의 수분함량을 보이게 된다. 이 경우 커피생두의 호흡활동이 증가하여 휴면 상태가 깨지게 되어 이산화탄소가 발생하고 열이 발생하여 품질 저하가 일어날 수 있다. 커피생두의 수분함량이 16.5% 이상이 되면 화학조성의 변화와 함께 마이코톡신이 생성될 우려가 있다.

(3) 수확 후 기간

① **뉴 크롭**(New Crob)

그 해 수확된 커피생두를 말하며, 가공 후에는 녹초와 같은 향미가 있을 수 있지만 로스팅 과정을 거치면서 향미는 안정되게 되며, 커피의 향미를 생성하는데 큰 영향을 미치는 당질과 클로로겐산이 풍부하여 깨끗한 향미 특성과 함께 산미와 바디감이 뚜렷하게 표현된다.

② **패스트 크롭**(Past Crob)

한 해 지난 커피생두를 말한다. 산미와 바디감이 약하고, 보관 환경에 따라 다르기는 하지만 건초와 같은 향미가 나타날 수 있다.

③ **올드 크롭**(Old Crob)

전년도 이전의 수확한 커피생두를 말한다. 대부분의 유기물들이 소실되어 건초와 지푸라기 같은 향을 나타내며, 커피 원산지의 특징적인 향미는 거의 소실된 상태이다.

(4) 운송방법

① **컨테이너**(Container)

화물선을 통한 컨테이너는 대부분 드라이 컨테이너로 적도 부근을 통과하면서 온도 상승으로 인한 생두의 품질변화가 일어날 수 있다.

② **리퍼 컨테이너**(Reefer Container)

냉장 기능이 있는 컨테이너를 말하며 2000년대 초부터 스페셜티 커피 운송에 이용되었다. 원산지의 생두품질과 가까운 신선도가 유지될 수 있어 산미와 바디감이 깨지지 않고 향미도 안정적으로 지킬 수 있다.

5) 스페셜티 커피(Specialty coffee)

(1) 스페셜티 커피의 정의 및 배경

스페셜티 커피라는 용어는 1978년에 미국 크누첸 커피(Knutsen Coffee)의 대표인 에르나 크누첸(Erna Kuntsen) 여사가 프랑스에서 개최한 국제커피회의에서 공식석상으로는 처음으로 사용한 용어였다. 이때 사용한 스페셜티 커피의 정의는 "Special geographic microdiamates produce beans with unique flavor profiles(특별한 지형의 미기후가 독특한 향미를 지닌 커피를 만든다)."였다.

스페셜티 커피의 정의는 국가별 스페셜티커피협회에 따라 미묘한 차이를 보이지만 공통된 정의는 '희소성이 있으며, 한정된 지역에서 생산되고, 향미특성이 우수하며, 고품질로 검증된 커피'라고 할 수 있다.(표 15)

▌표 15. 각국 스페셜티커피협회의 Specialty Coffee 정의

국가	Specialty coffee의 정의
미국스페셜티 커피협회 (SCAA)	SCAA defines specialty coffee in its green stage as coffee that is free of primary defects, has no quakers, is properly sized and dried, presents in the cup free of faults and taints and has distinctive attributes" <http://www.scaa.org>
유럽스페셜티 커피협회 (SCAE)	Speciality coffee is defined as a crafted quality coffee-based beverage, which is judged by the consumer (in a limited marketplace at a given time) to have a unique quality, a distinct taste and personality different from, and superior to, the common coffee beverages offered. The beverage is based on beans that have been grown in an accurately defined area, and which meet the highest standards for green coffee and for its roasting, storage and brewing." <http://scae.com/about-us/what-is-speciality-coffee.html>
일본스페셜티 커피협회 (SCAJ)	でおいしいコーヒー、すなわちスペシャルティコーヒー <http://www.scaj.org/about/plan.html>

스페셜티 커피의 향미는 커피 속에 과일 향과 꽃향기가 담겨있는 듯한 생각이 들 정도로 화려한 향미를 지니고 있다. 그리고 커피명 역시 생산국과 생산지역명을 붙이는 일반적인 상업용 커피와 달리 파나마 로테우스, 파나마 펄시, 에티오피아 로미타샤, 에티오피아 네키세 등과 같이 특색 있으면서 화려한 커피명을 사용한다.

하지만 스페셜티 커피의 탄생은 화려함보다는 절박함과 아픔이 더 컸다. 커피의 가격은 뉴욕거래소와 런던거래소의 선물시장을 지표로 결정된다. 두 곳의 거래소에서 커피수입할당제도(쿼터제)에 의해 커피의 유통 가격을 유지할 수 있었다. 그러나 1989년 쿼터제가 폐지되고, 브라질 산 커피가 풍작을 이루고, 저렴한 베트남 산 커피가 커피시장에 대량으로 진입하면서 커피의 공급이 수요보다 많아지자 커피 가격은 대폭락하게 되었다.

많은 농장주들은 계속되는 커피 가격의 폭락으로 커피생산을 포기할 수

밖에 없었다. 그러나 일부 커피생산자들은 자신이 고품질의 커피를 생산하면 노력에 맞는 합당한 가격을 받을 수 있을지, 이와같은 프로젝트를 통해 계속해서 좋은 품질의 커피를 생산할 수 있을지 그 가능성에 대해 확인해보고자 했다. 이 가능성을 확인하기 위해 '구르메(gourmet) 프로젝트'를 진행되게 되었다. 이 프로젝트는 1997년부터 2000년까지 부룬디, 브라질, 우간다, 에티오피아, 파푸아뉴기니 등 5개국을 대상으로 진행되었다.

이때 커피의 품질평가는 미국스페셜티커피협회(SCAA)의 평가기준을 활용하였고, 평가에서 높은 평가를 받은 우수한 커피를 인터넷 경매에 출품하였다. 이 프로젝트를 통해 커피생산자들은 고품질의 커피 생산한다면 그에 합당한 가격을 받을 수 있고, 이를 통해 지속적으로 고품질의 커피를 생산할 수 있다는 가능성을 확인하였다.

스페셜티 커피의 개념이 확립되면서 커피 가공 및 유통업자들은 고품질의 커피를 농장으로부터 지속적으로 공급을 받을 수 있게 되었다. 또한 소비자들은 생산부터 가공 · 유통까지 까다로운 품질관리가 이루어지는 스페셜티 커피의 등장으로 신뢰 높은 커피를 구입할 수 있게 되었고, 독특한 향미를 지닌 우수한 품질의 커피를 마실 수 있게 되었다. 또한 커피생산자들은 정성들여 재배한 커피생두를 제값을 받고 팔 수 있게 되었다.

(2) 미국스페셜티커피협회(SCAA)

▲ 그림 59. 미국스페셜티커피협회(SCAA)

미국스페셜티커피협회(SCAA : Specialty Coffee Association of America)는 기존의 커머셜 커피와 품질 면에서 차별화된 커피를 만들고, 스페셜티 커피업계의 발전과 교류를 목적으로 1982년에 커피 전문가 모임을 시작으로 설립된 비영리 단체이다.(그림 59) SCAA에서는 스페셜티 커피의 기준을 정하고, 대회와 전시회를 개최한다. SCAA에서는 스페셜티 커피 분류 기준에 따라 specialty grade와 commercial grade로 분류한다. SCAA 스페셜티 커피 분류 기준은 표 16과 같다.

▌표 16. SCAA 스페셜티 커피 분류 기준

항목	내용
샘플 중량	생두 : 350g / 원두 : 100g
수분 함유량	건식법 : 10~13% 이내 / 습식법 : 10~12% 이내
콩의 크기	편차 5% 이내
로스팅 균일성	퀘이커(Quaker, 미성숙하여 덜 익은 콩)가 단 한 개도 허용되지 않음
향미 특성	- 샘플은 다음과 같은 항목에서 각각 특성이 있어야 함 Fragrance/Aroma(향), Flavor(향미), Acidity(신맛), Body(질감), Aftertaste(뒷맛) - 외부 오염된 냄새와 Fault(맛의 결점), Taint(향의 결점)이 없어야 함

① **스페셜티 그레이드**

스페셜티 그레이드는 생두 350g중 첫 번째 결점 카테고리에서는 결점이 1개도 허용되지 않고, 두 번째 결점 카테고리에서는 5개를 넘지 않아야 한다. (표 13)

② **커머셜 그레이드**

스페셜티 그레이드에 기준에 부합하지 못한 모든 그레이드를 의미한다. SCAA의 등급 기준법은 표 17과 같다.

❙ 표 17. SCAA 분류법

등급	등급명칭	Full Defects	Cupping Test
Class 1	Specialty Grade	5개 이내	90점 이상
Class 2	Premium Grade	8개 이내	80~89점
Class 3	Exchange Grade	9~23개	70~79점
Class 4	Below Standard Grade	24~86개	60~69점
Class 5	Off Grade	87개 이상	50~59점

(3) 유럽스페셜티커피협회(SCAE)

▲ 그림 60. 유럽스페셜티커피협회(SCAE)

유럽스페셜티커피협회(SCAE : Speciality Coffee Association of Europe)는 스페셜티 커피를 취급하는 소규모 커피 회사 대표들로부터 1998년에 결성되었다.(그림 60) 스페셜티 커피의 정보 교환과 커피산업종사자, 커피의 질을 향상시키고 이를 전파하고자 노력하는 사람들을 교육을 통해 증진하고자 설립되었다.

(4) 스페셜티커피협회(SCA)

▲ 그림 61. 스페셜티커피협회(SCA)

SCA는 Specialty Coffee Association의 약자로 SCAA와 SCAE가 2017년 통합하여 만든 스페셜티커피협회이다.(그림 61) 전 세계 커피산업종사자들을 대표하는 회원 기반의 비영리 조직이다. SCA는 지속가능하고, 공정하며 커피업계 사람들에게 발전이 되는 커피산업을 만들기 위해 노력할 것을 목적으로 한다.

(5) COE(Cup of Excellence) Program

COE(Cup of Excellence)프로그램은 ACE (Alliance For Coffee)에서 주관하는 커피 경매 프로그램이다.(그림 62) 경매 방식은 주최국과 전 세계에서 선정된 커퍼(Cupper)들이 각 농장에서 출품한 커피를 그림63의 평가표와 표 18의 평가기준에 따라 6라운드의 엄격한 평가를 거쳐 점수와 순위를 매긴다.

▲ 그림 62. ACE(Alliance For Coffee Excellence)

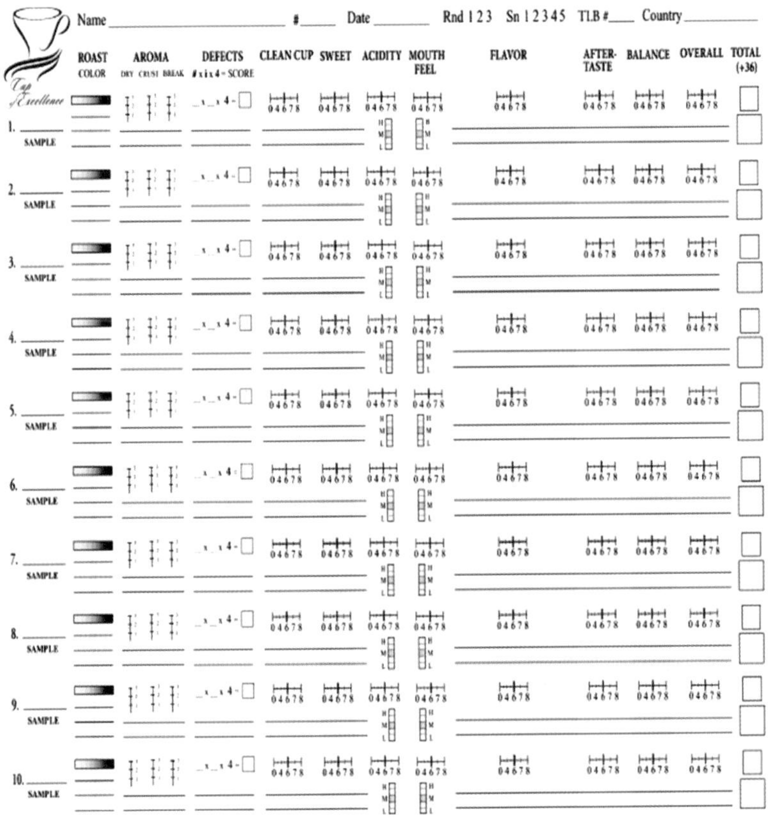

그림 63. COE Cupping Form

▌표 18. COE cupping form (ACE cupping manual)

평가 항목	설명
SAMPLE	COE 프로그램에 출품된 SAMPLE번호
ROAST COLOR	샘플의 색으로 Ground color(갈린 커피)의 색감으로 평가
AROMA	샘플의 향미 평가로 총 3가지의 단계를 평가. DRY : 분쇄된 커피의 향미, CRUST : 컵에 뜨거운 물을 부었을 때 올라오는 향미, BREAK : 뜨거운 물을 통해 커피 가용성분이 물에 배어나오면서 올라오는 향미
DEFECTS	샘플 커피 내 결점두 수 평가
CLEAN CUP	샘플 커피 음용 후 느껴지는 맛으로 뒷맛의 여운이 깔끔한지를 평가.
SWEET	샘플 커피에서 느껴지는 단맛의 질에 대한 평가
ACIDITY	시큼한 신맛이 아닌 과일의 상큼한 신맛을 지니고 있는지를 평가.
MOUTH FEEL	입안에서 느껴지는 감촉으로 좋은 여운이 남는지를 평가.
FLAVOR	샘플 커피에서 전반적으로 나타나는 맛과 향을 평가.
AFTER TASTE	입안에 남아 있는 맛과 향이 얼마나 좋은가를 평가.
BALANCE	샘플 커피 맛의 균형감에 대한 평가.
OVERALL	샘플 커피의 종합평가
TOTAL(+36)	위의 모든 점수를 합치고, +36점을 해주면 그 점수가 샘플원두의 점수

▲ 그림 64. Cup of Excellence

이 평가에서 출품된 커피가 87점(콜롬비아는 86점) 이상을 받으면 COE 커피로 인정받게 되고 그림 64와 같은 COE(Cup of Excellence) 로고를 사용할 수 있는 자격을 부여받게 된다. COE는 해당 국가의 커피농장주라면 누구나 참가 가능하며, 참가비용 없이 샘플 1가지를 출품하여 블라인드 테스트로 진행하기 때문에 농장주들에게 동등한 기회를 제공하는 프로그램이다.

(6) 인증마크

①**레인 포레스트**(rain forest alliance, 열대우림동맹)

열대우림동맹은 열대우림유지를 목적으로 하는 국제적인NGO단체이며, 1987년에 설립되었다.(그림 65) 생태계 보존, 야생동물 보호, 노동자의 권리보호 및 노동조건 보장 등을 위해 활동한다. 인증 항목은 커피뿐만 아니라 코코아, 차, 과일, 목재 등이다. 인증을 받기 위한 조건은 생산성 증대를 위한 무분별한 벌목을 금지, 화학비료의 사용을 줄이고 친환경적인 농법으로 재배, 야생 동물 보호, 노동자의 인권 보호를 위해 15세 미만의 어린이의 노동을 금지 등이다.

▲ 그림 65. RFA 인증마크

② **버드 프렌들리**(Bird Friendly)

버드 프렌들리 마크는 스미스소니안 철새 센터(Smithsonian Migratory Bird Center)에서 인증한 마크이다.(그림 66) 버드 프렌들리 인증은 커피나무 옆에 큰 나무를 심어 경작하는 셰이드 트리 방식을 활용한다. 이 방법을 통해 새들의 서식지를 마련하고, 새를 보호할 수 있다. 그러나 커피 생산국 모든 곳에 적용시키기 어렵다는 한계점이 있다.

▲ 그림 66. BF 인증마크

③**공정무역**

▲ 그림 67. 공정무역 인증마크

공정무역 인증은 네덜란드의 막스 하벨라르(Max Havelaar)라는 단체에서 1988년에 만들어졌다.(그림 67) 생산자와 소비자의 직거래를 기본으로, 소규모의 커피생산자들에게 공정한 거래를 통해 최저가격을 보장해주기 위한 목적이다. 그러나 단일 농장이 아닌 조합을 결성해야 인증 받을 수 있다. 또한 소규모 생산자들을 위한 시스템이지만 제품 판매를 위해서는 대량 생산을 위해 대규모 농장과 협력할 수밖에 없다.

coffee

바리스타가 꼭 알아야 할 원두에서 카페관리까지

Chapter 02

커피원두

1. 로스팅
2. 원두의 특징

1. 로스팅(Roasting)

로스팅은 커피생두에 열을 가하여 물리적, 화학적 변화를 일으키는 과정이다. 커피생두의 물리적, 화학적 변화는 커피의 맛과 향을 결정하는데 중요한 과정이다.

커피의 로스팅은 전도와 대류, 복사를 통해 커피생두에 열을 전달하는 과정이다.

커피를 잘 볶기 위해서는 전도, 대류, 복사에 대해 이해하고 이 세 가지의 열전달 방식의 비율에 따른 로스터기의 특성을 파악하여 원하는 로스팅 방식에 최적화 된 로스터기를 선택해야 한다.

1) 로스팅과 열에너지

전도는 온도가 높은 물체의 표면이 그보다 낮은 온도의 물체의 표면에 닿았을 때 열이 전달되는 현상이다. 상온의 커피생두가 높은 온도의 로스터기 드럼에 닿았을 때 드럼의 열이 온도가 낮은 커피생두로 전달되는 현상이다.

대류는 기체 또는 액체의 온도가 상승하면 밀도가 낮아져 위로 올라가고 온도가 낮은 것은 밀도가 높아 아래로 내려오면서 순환이 이루어져 전체적으로 온도가 상승하는 현상이다. 대부분의 로스터기는 이 대류현상을 잘 활용할 수 있도록 만들어졌다. 즉, 드럼안에서 대류현상을 통해 뜨거워진 기체의 열이 커피생두 표면에 전달되면 이후 전도현상을 통해 생두내부로 열이 전달된다.

드럼식 로스터기는 열전달 방식 중 대류에서 전도로 이어지는 과정의 효율성에 많은 비중을 두고 제작한다.

복사는 열원에서 발생된 고온의 열에너지가 열전달 매개체 없이 물체로 직접 전달되는 현상이다. 온도가 높은 드럼이나 드럼에 가까이 위치하여 온도가 높아진 커피생두에서 드럼 중심부 쪽에 있는 커피생두로 열에너지가 직접 전달되는 현상이다.

커피 로스터기의 열원의 전달 형식에 따라 대류, 전도, 복사 방식 사용의 비중이 다르긴 하지만 대부분의 로스터기에서는 대류, 전도, 복사가 복합적으로 사용된다.

드럼을 직접 가열하는 로스터기는 가열한 열이 로스터기의 표면에 전도되어 전달되고 달구어진 표면에 접촉된 생두나 차가운 기체로 열이 전도된 후에 로스터기 내부에 더워진 기체의 대류현상을 통해 열에너지가 전달된다.

대류에 의한 비중은 약 60%~70%정도이다. 드럼을 간접적으로 가열할 경우 대류에 의한 비중이 약 80% 정도를 차지한다. 드럼이 없는 유동층 로스터기(fluid bed-커피생두가 강한 열풍으로 인해 공중에 떠서 로스팅 되는 방식의 로스터기)의 경우에는 대부분 대류현상을 통해 열에너지가 전달된다.

2) 로스터기의 종류와 특성

소량의 로스팅은 팬이나 수동 소형 로스터기를 사용하지만 대량으로 하는 경우 상업용 대형 로스터기를 사용한다.

커피 로스터기는 열전달에 따라 표 19와 같이 직화식과 반열풍식, 열풍식 로스터기로 분류된다.

▌표 19. 커피 로스터기 열원 전달 방식에 따른 분류

직화식	반열풍식	열풍식
	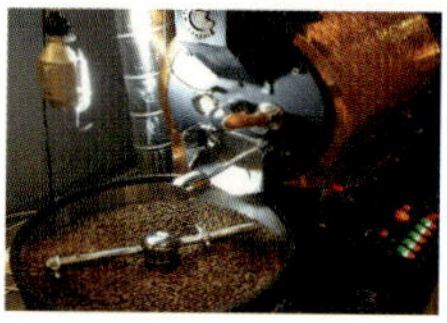	
커피의 묵직한 맛을 나타내는 로스팅 방식	적절한 열풍과 전도열을 이용하여, 가장 많이 활용하는 로스팅 방식	단시간 로스팅
화력 조절에 실패 시 원두가 타게 됨		커피의 맛이 가벼움

직화식 로스터기는 불꽃이 직접 생두에 닿아 화력 조절에 실패하면 생두가 타는 문제가 있지만, 커피의 묵직한 맛을 가장 잘 나타내는 로스팅 방식이다. 반열풍식 로스터기는 적절한 열풍과 전도열을 이용한 로스팅 방식이므로 가장 많은 로스터들이 선택하는 로스터기이다. 열풍식 로스터기는 가

장 단시간에 로스팅을 할 수 있다는 장점이 있지만, 너무 빠른 로스팅으로 커피 맛이 가볍게 나타난다.

3) 로스팅에 의한 생두의 물리·화학적 변화

로스팅은 생두에 열을 가해 커피 원두를 만드는 과정이다. 생두를 로스팅하면 복잡한 화학반응을 통해 녹색에서 갈색으로 바뀌고 커피 특유의 구수한 향과 맛을 내게 된다.

로스팅 시에 일어나는 갈색으로의 변화와 구수한 향의 생성은 메일라드(마이야르)반응과 캐러멜화 반응에 의한 화학적 변화이다.

로스팅이 진행되면 초기에는 흡열반응이 일어나고 순차적으로 발열반응이 일어나, 표 20과 같이 생두의 표면 색깔이 변하고 내부가 다공질로 변하면서 부피가 증가한다.(그림 68)

▌표 20. 로스팅에 따른 생두의 변화

항목	생두의 변화
색	로스팅이 진행될수록 명도가 낮아진다.
표면	로스팅이 진행될수록 매끈해지며 표면에 기름이 베어난다.
내부 구조	생두안의 이산화탄소가 분출됨으로 인해 생두 속의 미세한 구멍이 만들어진다.
부서짐	로스팅이 진행될수록 부서짐성이 높아진다.
밀도	로스팅이 진행될수록 1.2~1.5였던 밀도가 0.8~0.8로 감소한다.
수분	로스팅이 진행될수록 10~12%였던 수분이 2~3%로 감소한다.

▲ 그림 68. 로스팅 단계별 원두 단면

로스팅 공정은 4단계로 나눠지는데, 제1단계에서는 가열된 대류열에 의해 생두 표면의 온도가 상승하면서 100℃가 될 때까지 생두내의 수분이 서서히 증발한다. 제2단계에서는 가열이 진행되어 150℃ 정도가 되면 생두 표면이 황색으로 서서히 변하면서 부피가 팽창하기 시작한다. 180℃ 정도에서 탄산가스가 발생하면서 향기 성분이 생성된다. 제3단계에서는 온도가 190℃ 정도로 상승하면 커피생두의 중심 부분이 열리면서 팽창음이 나기 시작하고 흡열반응은 최고에 도달한다(1st crack). 제4단계에서는 발열반응으로 전환되면서 향기 성분이 생성되기 시작한다. 온도가 210℃가 넘어서게 되면 조직에 미세한 균열이 생기기 시작하며(2nd crack), 향기 성분 생성이 활발하게 진행된다. 220~230℃에서 로스팅을 중단하고 신속하게 냉각시켜 가열을 중단한다. 이 단계에서 로스팅을 더 진행하게 되면 탄화작용이 일어나 향기 성분이 감소한다.

일반적으로 로스팅이 완료되면 생두 중량의 14~18%가 감소하고, 부피는 2~3배로 팽창하며, 다량의 탄산가스가 방출된다.

(1) 로스팅 시 커피생두의 색상 변화(그림68)

① 엽록소 분해(chlorophyll decomposition) :녹색 → 노랑색

② 메일라드 반응(Maillard reaction) :녹색 → 밝은 갈색 → 갈색

③ 캐러멜화(Caramelization): 갈색 → 진한 갈색, 약 170℃에서 시작

④ 탄화(carbonization) :진한 갈색 → 검정, 건열반응

(2) 로스팅 단계에 따른 커피 향미의 변화(그림 69)

① 신맛, 풋내(풋콩의 향), 풀냄새, 꽃향, 가벼운 바디

→ 1st crack 시작점에서 배출

② 신맛, 달콤함, 쥬시, 꽃향, 과일향, 약한 캐러멜 향, 가벼운 바디

→ 1st crack 끝점에서 배출 or 1st crack 휴지기에 배출

③ 캐러멜, 숙성된 과일, 초콜릿, 중간 정도의 바디

→ 2nd crack 직전에 배출

④ 다크 초콜릿, 캐러멜, 견과류, 허브, 스파이시, 묵직한 바디

→ 2nd crack 초기 배출

⑤ 탄맛, 쓴맛, 스모키, 약한 캐러멜, 무거운 바디

→ 2nd crack 정점에서 배출

⑥ 탄 향미, 스모키, 산패한 향미, 탄화된 느낌, 중간 정도의 바디

→ 2nd crack 끝점에서 배출

(3) 로스팅 단계별 명칭 및 맛의 특성(그림 69)

로스팅 단계별 명칭은 국가마다 조금씩 차이를 나타내지만 대표적으로 사용하는 분류법은 SCAA 분류법과 국내와 일본에서 사용하는 8단계 분류법이 있다. SCAA의 분류법은 에그트론사의 M-Basic을 사용하여 #95 부터 #25까지 8단계로 분류하고 있다.

① #95 단계는 밝고 연한 황갈색을 띠며 신맛을 강하게 나타낸다. 일본에서는 이 단계를 국내와 일본에서는 라이트(light)라고 한다.

② #85는 연한 황갈색을 띠며 신맛이 강조되며, 약한 단맛을 나타낸다. 이 단계를 국내와 일본에서는 시나몬(cinnamon)이라고 한다.

③ #75는 밤색을 띠며 중간 정도의 단맛과 약한 신맛을 나타낸다. 이 단계를 국내와 일본에서는 미디엄(medium)이라고 한다.

④ #65는 연한 갈색을 띠며 단맛이 강하고 약한 신맛과 쓴맛을 나타낸다. 이 단계를 국내와 일본에서는 하이(high)라고 한다.

⑤ #55는 갈색을 띠며 강한 단맛과 약간의 쓴맛을 나타낸다. 이 단계를 국내와 일본에서는 시티(city)라고 한다.

⑥ #45는 진한 갈색을 띠며 중간 정도의 단맛과 쓴맛을 나타낸다. 이 단계를 국내와 일본에서는 풀시티(full-city)라고 한다.

⑦ #35는 흑갈색을 띠며 강한 쓴맛과 약한 단맛을 나타낸다. 이 단계를 국내와 일본에서는 프렌치(french)라고 한다.

⑧ #25는 흑색을 띠며 매우 강한 쓴맛을 나타낸다. 이 단계를 국내와 일본에서는 이탈리안(italian)이라고 한다.

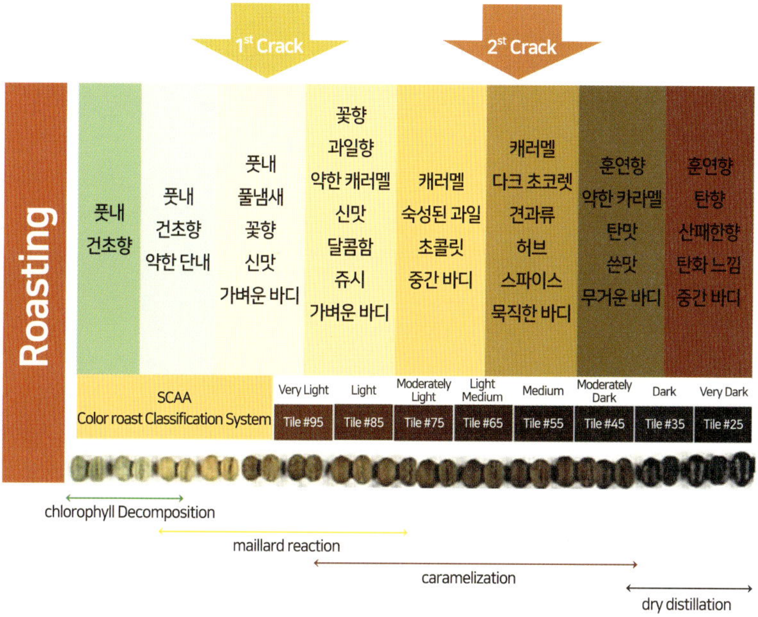

▲ 그림 69. 로스팅 단계별 원두 색상과 향미 특성

(4) 로스팅 단계에 따른 생두 구조의 변화

① 생두는 빽빽한 셀룰로오스 구조이다.

② 로스팅 시 수증기와 이산화탄소 발생으로 인해 압력이 상승한다.

③ 1st crack 직전에 센터컷의 확장이 시작된다.

④ 늘어난 압력으로 인해 셀룰로오스 구조가 파괴되면서 수증기와 가스가 배출된다.

4) 로스팅에 의한 커피의 갈색과 향기성분 생성

커피생두를 로스팅할 때 생두의 색깔이 갈색으로 변하고, 향기성분이 생성되는 이유는 고온에 의해 생두 안에 들어있는 탄수화물, 특히 수용성 단당류나 이당류가 단백질과 결합하여 그림70, 71과 같은 메일라드(마이야르) 반응이 진행되어 갈색의 멜라노이딘 색소와 휘발성 향기 성분이 생성되기 때문이다.

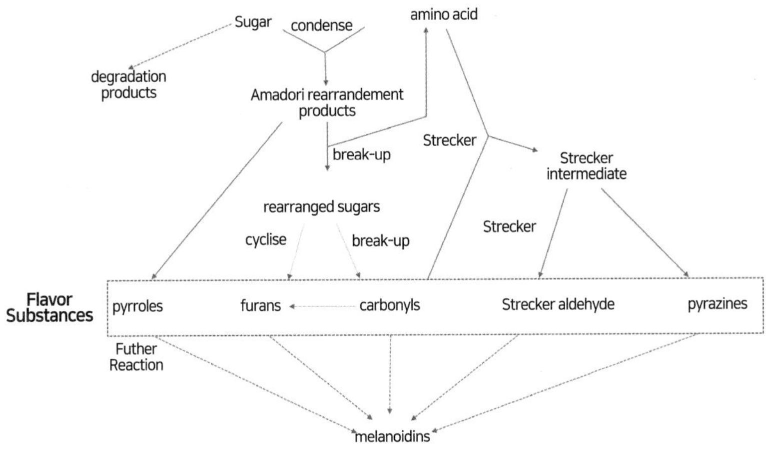

▲ 그림 70. 메일라드 반응 모식도(Jousse et al., 2002, Journal of Food Science)

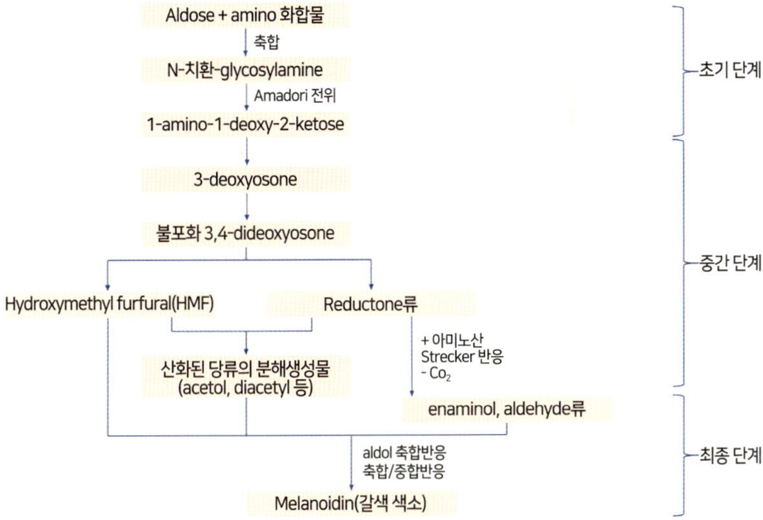

▲ 그림 71. 메일라드 반응의 개요(식품화학, 이숙영 외, 파워북)

메일라드 반응은 160℃ 이상의 온도에서 발생하여 190℃ 정도에서 가장 활발하게 일어난다. 또한, 메일라드 반응 이후에는 남아있는 당류와 열이 캐러멜화 반응을 일으킨다. 캐러멜 반응을 통해 캐러멜 향이 형성되고 갈색이 더욱 진해진다. 그러나 캐러멜 반응이 지나칠 경우 쓴맛이 난다. (표 21).

메일라드 반응을 통해 커피생두는 그림 72와 같이 다양한 향기 물질들이 만들어져 커피가 복합적인 향을 갖게 된다. 또한 당류로 인한 캐러멜 반응을 통해서도 다양한 커피의 향이 만들어진다.

표 21. 커피 로스팅 시 대표적인 화학적 반응

메일라드(마이야르) 반응	캐러멜화 반응
당류 + 아미노산	당류
100℃ 정도에서 부터 시작하지만 미약하고 160℃ 이상에서 제대로 발생하여 190℃ 정도에서 가장 활발하다.	캐러멜 반응을 통해 다양한 향이 생성되지만, 캐러멜 반응이 지나치면 쓴맛이 강해진다.

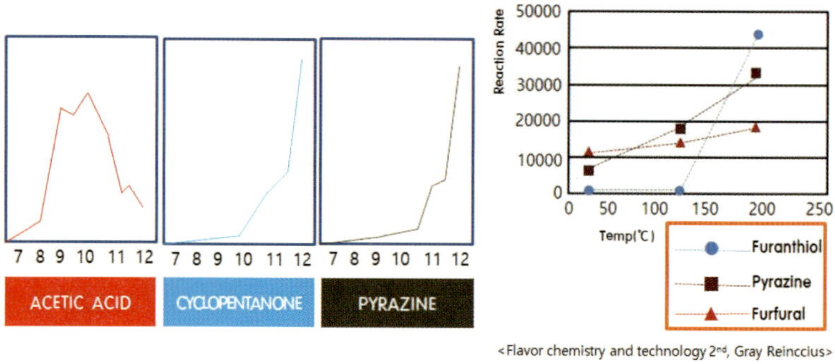

▲ 그림 72. 시간에 따른 메일라드 반응 산물

커피 향은 대부분 열처리 과정인 로스팅 과정에서 생성된다.

고온(170~230°C에서 10분 이상)과 고압(생두 내부는 25기압까지 높아짐)하에서 생두중의 성분들이 서로 화학반응을 일으켜 약 1000 종의 휘발성 향기 성분이 만들어진다.

생두에 존재하는 약 300종의 휘발성 성분 중 100 여종은 로스팅 과정 중 소실된다. 반면 로스팅 과정 중 약 650종정도가 새로이 생성되어 약 850종 이상의 향기 성분이 존재한다.

로스팅을 거친 커피 원두의 주요 향기성분과 향기특징 및 기여도를 표 22에 나타내었다.

▌표 22. 커피의 주요 향기물질

향기물질	농도 ppm	기여도	향기 특징
(E)-beta-Damascenone	0.195	2.60×10^5	honey-like, fruity
2-Furfurylthiol	1.08	1.10×10^5	roasty (coffee)
3-Mercapto-3-methylbutylformate	0.13	3.70×10^4	catty, roasty
3-Methyl-2-buten-1-thiol	0.0082	2.70×10^4	amine-like
2-Isobutyl-3-methoxypyrazine	0.083	1.70×10^4	earthy
Homofuraneol(EHMF)	17.3	1.50×10^4	caramel-like
Guaiacol	4.20	1.10×10^4	phenolic, spicy
2,3-Butanedione(diacetyl)	50.8	3.40×10^3	buttery
4-Vinylguaiacol	64.8	3.20×10^3	spicy
2,3-Pentanedione	39.6	1.30×10^3	buttery
Methional	0.24	1.20×10^3	potato-like, sweet
2-Isopropyl-3-methoxypyrazine	0.00033	8.30×10^2	earthy, roasty
Vanillin	4.80	1.90×10^2	vanilla
4-Hydroxy-2,5-dimethyl-3(2H)-furanone	109.0	1.70×10^3	caramel-like
2-Ethyl-3,5-dimethylpyrazine	0.33	1.70×10^2	earthy, roasty
2,3-Diethyl-5-methylpyrazine	0.0095	1.00×10^2	earthy, roasty
3-Hydroxy-4,5-dimethyl-2(5H)-furanone	1.47	7.50×10^1	seasoning-like
4-Ethylguaiacol	1.63	3.00×10^1	spicy
5-Ethyl-3-hydroxy-4-methyl-2(5H)-furanone	0.16	2.00×10^1	seasoning

Grosch, W. 16th ASIC Colloq. Kyoto. 1995

메일라드반응에 의해 생성되는 향기성분의 화학적 작용기를 종류별로 정리하여 표 23에 나타내었다. 커피의 주요 향기 성분은 퓨란류이다. 퓨란은 자당의 분해로 생성되며 캐러멜 향을 낸다.

▌표 23. 메일라드 반응에 의한 대표적인 향기성분

작용기별 향료물질	향기 특징
Pyrazines	cooked, roasted, toasted, baked cereals
Alkylpyrazines	nutty, roasted
Alkylpyridines	green bitter, astringent, burnt
Acetylpyridines	caracker-like
Pyrroles	cereal-like
Furan, furanones, pyranone	sweet, burnt, pungent, caramel-kike
Oxazoles	green, nutty, sweet
Thiophenes	Meaty

van Boekel, 2006, Biotechnology Advances 24 230 233

또, 퓨란은 황 함유 성분과 반응하여 커피 특성이 강한 성분으로 만들어진다. 다음으로 주요한 향기 성분은 피라진으로, 구운 향, 호두, 시리얼, 크래커, 토스트 같은 향을 낸다. 티아졸, 피라진은 역치가 낮기 때문에 양은 적어도 커피향에 기여하는 정도는 크다. 피롤류는 달콤한 냄새, 캐러멜 향, 버섯향을 내고, 티오펜(thiophens)은 고기 향을 내는 성분이다.

특히 메톡시피라진은 커피의 특징적인 성분으로 알려져 있다.

또한, 일부 수용성 단당류는 고온에서 캐러멜화 반응이 진행되어 표면에 윤기 있는 갈색과 특유의 캐러멜 향이 생성된다.

캐러멜화 반응은 메일라드 반응과는 달리 아미노화합물이 존재하지 않는 상태에서 당류를 융점 이상인 180~200℃ 정도로 가열할 경우 산화 및 분해산물이 중합과 축합반응에 의해 갈색물질을 만들어내는 반응이다.

캐러멜화 반응은 무색무취한 당에서 갈색과 다양한 향이 생성되나, 이 반응이 지나치게 되면 쓴맛이 강해지기 때문에 적절한 반응이 일어나도록 로스팅 조건을 잘 조절해야 한다.

한편, 폴리페놀 중 클로로겐산은 로스팅 중 열에 의해 최대 90%가 분해되는데, 열 분해된 산물은 커피의 향미를 이루는 주요 성분이 된다.

클로로겐산의 내부 에스테르 구조가 쪼개져 카페인산 또는 페룰산이 되고 퀸산 구조와 신남산이 된다.(그림 73)

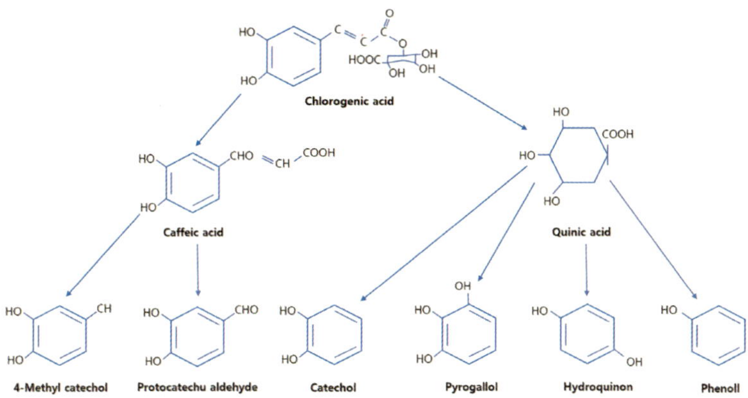

▲ 그림 73. 클로로겐산의 분해반응(커피 배전의 화학과 기술, 나바바야시 토시오)

카르복시기(-COOH)가 빠져나가면서 비닐카테콜, 비닐과이아콜이 되며, 비닐 구조(에테닐 구조, -CH=CH2)는 산화나 수화 반응을 거치면서 바닐린, 에틸기 유도물, 카테콜, 과이아콜 등이 된다.

이중 페룰산이 분해되면서 생성되는 물질(과이아콜, 비닐과이아콜, 에틸과이아콜, 바닐린)들은 향미 형성에 중요한 역할을 한다.

약한 로스팅 단계와 중간 로스팅 단계에서 클로로겐산 락톤류가 생성되어 상쾌한 쓴맛을 내고, 강한 로스팅 단계에서는 비닐카테콜 중합체가 증가하여 지나친 쓴맛을 낸다.

커피의 김빠짐, 묵은내와 관련된 성분으로 2-푸푸릴티올(FFT)이 있다. 2-푸푸릴티올이 줄어들면 묵은내가 나는 것으로 알려져 있는데, 이 물질을 가두어 줄 수 있는 물질은 카테콜, 히드록시퀸논과 같은 디히드록시벤젠류와 트리히드록시벤젠류로 이성분들은 클로로겐산이 분해되는 과정 중 중간물질로 나타나는 물질이다.

5) 로스팅에 의한 멜라노이딘 갈색색소의 생성

멜라노이딘은 메일라드 반응 또는 캐러멜화 반응에 의해 생성되는 고분자의 갈색색소이다. 멜라노이딘 색소는 맛이나 향기물질을 포집하고, 바디감을 주며, 항산화 작용을 한다. 커피에 포함된 멜라노이딘은 페놀릭 성분들을 포함하고 있으며 분자량은 3,000~100,000 정도이다. 아라비카 커피에 비하여 로부스타 커피에 분자량이 큰 물질들이 있는 것으로 추정된다.

6) 로스팅으로 변화되는 기타성분

커피를 로스팅 할 때 커피 원두가 탄화될 정도로 너무 강하게 로스팅을 되면 몸에 이로운 클로로겐산과 같은 물질들은 거의 분해된다. 반면에, 아크릴아마이드, 벤조피렌, 다이아세틸과 같은 발암물질들이 생성된다.

한편 곰팡이 독소(mycotoxins)는 로스팅 하는 동안 파괴된다. 인위적으로 오염시킨 커피생두를 로스팅 하는 동안 아플라톡신B1은 90~100%까지 파괴된다. 오크라톡신A도 로스팅 과정에서 분해되어 사라진다.

벤조피렌은 강배전시에 더 많이 생성되나 추출된 커피로의 벤조피렌 이행정도는 심각한 수준은 아니라는 보고도 있다. 그러나 너무 강하게 볶아 커피 원두가 진한 갈색을 띠면서 전체에 기름이 감쌀 정도의 커피는 발암물질에 의한 위험성과 함께 커피 원두의 산패에 의한 위험도 증가하게 된다.

7) 로스팅 방법

(1) 핸디 로스터

핸디 로스터는 가정에서 쉽게 커피를 로스팅할 수 있는 기구로 보통 구멍이 뚫린 수망 로스터나 도자기로 만들어진 로스터기를 말한다.

① 준비물 : 핸드로스터, 커피생두, 냉각망, 냉각기(선풍기), 가스렌지(휴대용 가스레인지), 타이머

② 순서 및 방법

a. 커피생두의 결점두 및 이물질을 제거하는 핸드픽을 한다.

b. 핸디 로스터에 커피생두를 용량에 맞게 넣는다.

c. 가스렌지의 화력을 최대로 한 후, 커피생두가 골고루 가열될 수 있도록 렌지 위에서 8자를 그리며 움직여준다.

d. 로스터기 안에서 팝콘이 터지는 듯한 파열음이 나면 불을 최소로 줄이면서 2분간 가열을 한다.

e. 로스팅이 완료된 커피는 냉각망과 냉각기를 이용하여 빠르게 식혀준다.

(2) 샘플로스터

샘플로스터는 구조와 기능은 일반 상업용과 동일한 로스터기로 용량은 보통 200~800g의 커피생두를 로스팅 할 수 있는 로스터기를 말한다.

① 준비물 : 샘플로스터, 커피생두

② 순서 및 방법

a. 샘플로스터기의 화력을 60%로 하여 30분간 예열한다.

b. 예열되는 동안 커피생두의 결점두 및 이물질을 제거하는 핸드픽을 한다.

c. 호퍼에 커피생두를 넣고 드럼 내 온도가 적정 투입온도(160~200°C)에 이르면 커피생두를 드럼으로 투입한다.

d. 커피생두가 드럼 내에 투입되면 되면 커피생두의 온도로 인해 드럼 내 온도는 내려가게 된다.

e. 드럼 내 온도가 더 이상 내려가지 않고 다시 올라가는 시점을 터닝 포인트라고 하는데, 대부분의 로스터기의 터닝 포인트 온도는 80~100℃ 이다.

f. 녹색이었던 커피생두가 가열로 인해 노란색으로 변하는 시점을 옐로우 포인트라고 하는데, 이 시점부터 커피의 향과 맛을 결정할 수 있는 화력 조절을 할 수 있다.

g. 8~9분 정도 가열을 하면 로스터기안에서 팝콘 터지는 듯한 파열음이 나는 시점을 1차 크랙이라고 부르며 이때의 커피는 연한 갈색에 커피에 따라 풀, 꽃, 과일 향 등이 생성될 수 있으며 맛은 신맛이 강하게 만들어진다.

h. 1차 크랙의 시간은 화력에 따라 달라지지만 대부분 1~2분 정도의 시간을 갖는다.

i. 1차 크랙이 종료된 후 1~3분 정도의 가열을 하면 마치 깨 볶는 듯한 2차 크랙이 발생하며 이때부터 커피는 진한 갈색을 띠며 캐러멜화로 인해 고소하고 구수한 향이 생성될 수 있다. 그러나 지나치게 가열하면 탄화되어 쓴맛이 날 수 있다.

j. 로스터가 목표하는 로스팅 단계가 되면 빠르게 커피를 배출하여 냉각팬을 이용해 식혀주어야 한다.

k. 로스팅 종료 후 드럼의 변형을 방지하게 위해 드럼 회전과 사이클론의 운행을 20~30분간 유지한 후 로스터기 전원을 끈다.

(3) 상업용 로스터

일반 상업용 로스터기의 경우 드럼 용량이 1kg 이상인 것을 말하며, 열효율이 좋기 때문에 연속으로 로스팅을 할 수 있다.

① 준비 : 로스터기, 커피생두

② 순서 및 방법

a. 샘플로스터기의 화력을 60%로 하여 30분간 예열한다.

b. 예열되는 동안 커피생두의 결점두 및 이물질을 제거하는 핸드픽을 한다.

c. 호퍼에 커피생두를 넣고 드럼 내 온도가 적정 투입온도(160~200°C)에 이르면 커피생두를 드럼으로 투입한다.

d. 커피생두가 드럼 내에 투입되면 되면 커피생두의 온도로 인해 드럼 내 온도는 내려가게 된다.

e. 드럼 내 온도가 더 이상 내려가지 않고 다시 올라가는 시점을 터닝 포인트라고 하는데, 대부분의 샘플로스터기의 터닝 포인트 온도는 80~100℃ 이다.

f. 녹색이었던 커피생두가 가열로 인해 노란색으로 변하는 시점을 옐로우 포인트라고 하는데, 이 시점부터 커피의 향과 맛을 결정할 수 있는 화력 조절을 할 수 있다.

g. 8~9분 정도 가열을 하면 로스터기안에서 팝콘 터지는 듯한 파열음이 나는 시점을 1차 크랙이라고 부르며 이때의 커피는 연한 갈색에 커피에 따라 풀, 꽃, 과일 향 등이 생성될 수 있으며 맛은 신맛이 강하게 만들어지게 된다.

h. 1차 크랙의 시간은 화력에 따라 달라지지만 대부분 1~2분 정도의 시간을 갖는다.

i. 1차 크랙이 종료된 후 1~3분 정도의 가열을 하면 마치 깨 볶는 듯한 2차

크랙이 발생하며 이때부터 커피는 진한 갈색을 띠며 캐러멜화로 인해 고소하고 구수한 향이 생성될 수 있지만 지나치게 가열하면 탄화되어 쓴맛이 날 수 있다.

j. 로스터가 목표하는 로스팅 단계가 되면 빠르게 커피를 배출하여 냉각팬을 이용해 식혀주어야 한다.

k. 효율적인 로스팅을 위해 배출 후 바로 다음 로스팅을 위한 화력 조절과 함께 커피를 드럼에 투입한다.

l. 로스팅 종료 후 드럼의 변형을 방지하게 위해 드럼 회전과 사이클론의 운행을 20~30분간 유지한 후 로스터기 전원을 끈다.

⁝ 2. 원두의 특징 ⁝

1) 원두의 구조와 성분

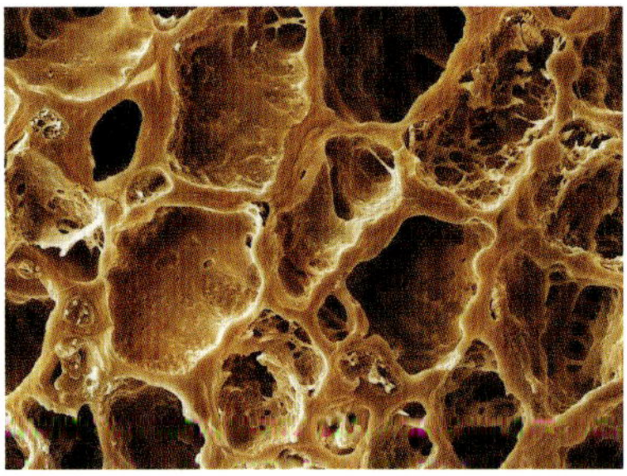

▲ 그림 74. 커피원두의 구조

로스팅 된 커피원두는 이산화탄소와 같은 가스가 약 2% 정도가 들어 있어, 이로 인한 가스 압력으로 인해 생두 내부로의 산소 진입을 막아 산패를 방지한다. 그러나 로스팅 한지 약 12시간 정도가 지나면 서서히 커피원두내의 가스압력이 줄어들면서 산화가 시작되어 산패에 이르게 된다.

또한, 커피원두는 그림 74과 같이 확대를 해보면 허니콤 구조를 이루고 있으며, 허니콤 구조 사이사이에 여러 가지의 화학성분이 붙어있다.(표 24)

▌표 24. 아라비카종 커피의 생두와 원두의 성분

성분		생두	원두
탄수화물	다당류	45.4	37.1
	설탕	7.3	0.0
	기타 당	1.0	0.3
지방	지방	14.8	16.6
	지방산	1.0	1.6
단백질	단백질	8.9	7.3
	아미노산	0.5	0.0
	카페인	1.1	1.3
	트리고넬린	0.9	1.0
기타	클로로겐산	5.9	2.4
	퀸산	0.4	0.8
	휘발성 아로마	0.0	0.1
	미네랄	3.8	4.4
기타	수분	9.1	2.4
	캐러멜화 물질	0.0	24.8
합계		100.0	100.0

Espresso coffee, Andrea illy 외

(1) 탄수화물

로스팅 후에 생두의 불용성 다당류는 약간 감소하며 수용성 단당류나 이당류는 거의 사라진다. 수용성 당중 자당은 부분적으로 가수분해 되며 나머지는 열분해 된다.

당분이 감소하면서 많은 휘발성 물질과 비 휘발성 물질이 메일라드 반응에 의해 형성되고, 캐러멜 반응에 의해서도 형성된다.

(2) 단백질

로스팅 후 단백질의 함량은 약간 변화하지만, 그 특성은 완전히 변한다. 즉, 생두 안의 단백질은 다른 물질과 결합하거나 멜라노이딘 같은 물질로 변화한다. 따라서 유리아미노산은 거의 존재하지 않게 된다.

(3) 지방

생두의 지방은 일부만 변하며 스테롤과 중성지방은 대부분 변하지 않고 남아 있다. 커피 지방의 대부분인 리놀레산은 로스팅 온도에 따라 약간 감소한다. 휘발성 지방성분은 약 170℃에서 생성되기 시작하여, 약 220℃에서 가장 좋은 휘발성 향기성분을 생성한다.

(4) 알칼로이드

카페인은 로스팅과 무관하게 안정적이지만, 아주 적은 양은 승화작용에 의해 손실된다. 트리고넬린은 로스팅을 과정에서 니코틴산과 니아신을 만들어내는데 보통 대부분의 식물이 함유하고 있는 니아신은 가열을 하게 되면 파괴되지만 커피의 경우 고온에서 니아신이 합성되며, 커피 원두 100g당 10~40mg 정도의 니아신이 함유되어 있다.

(5) 클로로겐산

클로로겐산은 카페인과 같이 커피의 쓴맛에 기여한다. 클로로겐산은 로스팅 과정에서 열분해되어 상쾌한 쓴맛을 내는 퀴노락톤류로 된다. 퀴노락톤류는 로스팅이 강한 경우 다시 분해되지만 약한 로스팅과 중간 로스팅 단계에서는 커피의 쓴맛을 이루는 주요 물질이다. 강한 로스팅 단계에서는 비닐카테콜 중합체가 증가하여 지나친 쓴맛을 낸다. 페닐인돌 및 기타 퀴논 복합물 또한 쓴맛을 이루는 성분으로 작용한다.

한편, 커피의 향기 성분 중 2-푸푸릴티올(FFT)이 줄어들면 커피에서 김빠짐 또는 묵은내가 나는 것으로 알려져 있다. 이 물질을 가두어 줄 수 있는 물질은 카테콜, 히드록시퀴논과 같은 디히드록시벤젠류와 트리히드록시벤젠류로 클로로겐산이 분해되는 과정 중 중간 산물들이다.

(6) 미네랄

로스팅에 의해 미네랄의 함량은 달라지지 않는다.

2) 원두의 향미

로스팅 공정을 거친 원두는 수많은 휘발성 성분들이 생성되어 커피 특유의 향미 즉, 맛과 향기를 지닌다. 향미란 향기(Aroma)와 맛(Taste)의 복합적인 느낌으로 플레이버(Flavor, 향미)라고 한다. 커피 플레이버는 사람의 감각기관인 후각(Olfaction), 미각(Gustation), 촉각(Mouthfeel)을 이용하여 평가하며 이 같은 과정을 관능평가라고 한다.

커피생두에는 탄수화물이 다량 함유되어 있다. 당분은 5~10% 포함되어 있는데, 대부분은 자당(설탕)이고, 그 밖에 포도당 및 과당 등이 있다.

로스팅 공정을 통해 대부분의 당분은 단백질과 결합하여 메일라드 반응을 일으키고, 당류 단독으로는 캐러멜(Caramelization) 반응을 일으킨다. 두 가지 화학반응을 통해 색은 갈색으로 변하고 향기 성분이 생성되고, 단맛 대신 쓴맛을 생성된다.

커피의 쓴맛을 내는 카페인은 로스팅 과정에도 변하지 않기 때문에 갈색이 진할수록 쓴맛은 강해진다. 떫은맛을 내는 타닌(tannin)은 커피의 폴리페놀, 클로로겐산이 주성분으로, 가열할수록 열에 약한 클로로겐산이 감소하여 자극이 덜한 맛을 낸다.

또한 로스팅 단계가 강할수록 생두에 함유된 지방산(fatty acid)은 줄어들어 신맛이 감소하는 반면, 커피 특유의 향은 더해진다.

로스팅 공정에 따라 생성되는 수많은 커피의 향미 성분은 바람직한 긍정적 향미와 바람직하지 못한 부정적 향미로 구분할 수 있으며, 향미 종류별로 그림 75과 그림 76에 나타내었다.

▲ 그림 75. 커피의 긍정적 향미

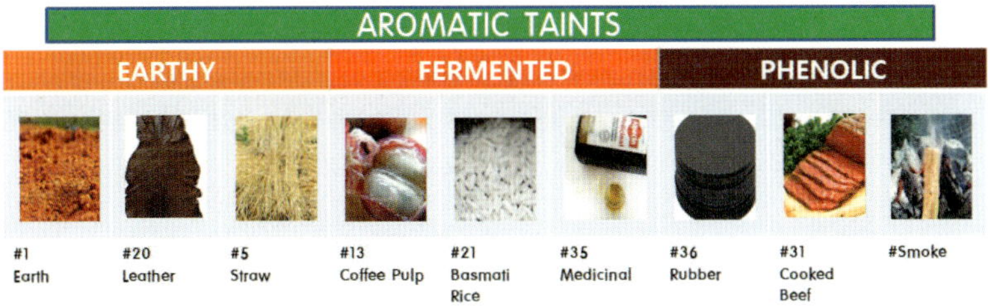

▲ 그림 76. 커피의 부정적 향미

(1) 커피의 향

주요한 커피의 향기 성분들은 퓨란, 피라진, 피리딘, 티오펜, 티아졸, 퀴놀린, 알코올, 페놀 등 약 850여 종이 알려져 있다.

수많은 커피의 향기 성분 중에서 사람이 지각할 수 있는 전체 커피향기를 표현하는 용어로 'Bouquet(부케)'라는 단어를 사용한다. 커피 향의 종류와 특성은 표 25에 나타내었다.

▌표 25. 커피 향의 종류와 특성

향의 종류	특성	원인물질	주로 나는 향기
Fragrance	볶은 커피의 분쇄향	에스테르 화합물	Flower
Aroma	추출커피의 표면에서 맡을 수 있는 향	케톤, 알데히드 계통의 휘발성 성분	Fruity Herbal Nut-like
Nose	마실 때 느껴지는 향	비휘발성 액체 상태의 유기성분	Candy Syrup
Aftertaste	마신 후 입안 뒤쪽에서 느껴지는 향	지질같은 비용해성 액체와 수용성 고체물실	Spicy Turpeny

또한, 커피 향의 강도를 표현하는 용어로는 표 26과 같다.

표 26. 커피 향의 강도에 대한 표현

강도	내용
Rich	풍부하면서 강한 향
Full	풍부하지만 강도가 약한 향
Rounded	풍부하지도 않고 강하지도 않은 향
Flat	향이 없을 때

(2) 커피의 맛

커피의 기본적인 맛은 표 27과 같이 신맛, 단맛, 짠맛, 쓴맛의 네 가지로 구분되며, 커피를 마셨을 때 입안에서 느껴지는 커피 추출물의 점도와 미끈함의 집합을 바디(Body)라고 표현한다.

표 27. 커피 기본적인 맛과 주요 성분

맛	주요 성분
신맛	구연산, 사과산, 초산
단맛	환원당, 아미노산 화합물
짠맛	나트륨, 산화칼륨
쓴맛	카페인, 퀴닌, 클로로겐산 락톤, 비닐 카테콜, 기타 알칼로이드

① **신맛**

커피는 커피나무 열매의 씨앗이기 때문에 구연산, 사과산과 같은 유기산이 함유되어 있어 신맛을 낸다. 클로로겐산은 쓴맛을 내지만 로스팅 단계에서 락톤류 등 일부 신맛 성분이 생성되기도 한다.

과일에 존재하는 산은 상쾌한 신맛을 나타내며 커피에서도 긍정적인 신맛으로 작용한다.

커피에 존재하는 산의 종류와 맛의 특징은 다음의 표 28과 같다.

▌표 28. 커피에 존재하는 산의 종류와 맛의 특징

산의 종류	특징
구연산 (citric acid)	오렌지와 레몬과 같은 감귤향이나 때로는 자몽과 같은 맛을 내는 산이다. 고도가 높은 곳에서 재배되는 아라비카 커피에 존재한다. 아라비카 커피의 신맛은 대부분 구연산에 기인된다.
사과산 (malic acid)	사과에 많이 함유되어 단맛과 상쾌한 신맛을 나타내는 산으로, 커피에서도 사과 같은 맛을 나타낸다.
인산 (phosphoric acid)	인산은 망고 같은 열대 과일의 특징적인 맛을 부분적으로 부여하며, 커피에서는 단맛에 기여하기도 한다.
초산 (acetic acid)	식초의 주성분이다. 커피속에 적당한 양의 초산이 있으면 기분 좋은 신맛 또는 라임과 같은 맛을 나타낸다. 그러나 너무 많으면 부정적인 요소로 작용할 수 있다.
주석산 (tartaric acid)	포도에 많이 함유된 주석산은 커피에서 와인이나 포도와 같은 향을 낼 수 있지만 많은 양의 주석산을 함유한 커피는 시다.
퀸산 (quinic acid)	퀸산은 커피 향미에 부정적인 영향을 준다. 강하게 로스팅한 커피, 신선하지 못한 커피, 추출 후 오랜 시간이 지난 커피에 많다.
클로로겐산 (chlorogenic acid)	클로로겐산은 컵에서 신맛을 인지하도록 하는 역할을 하는 산이다. 강 로스팅에서는 산미가 덜 느껴진다. 그러나 약 로스팅에서 열에 노출되는 시간이 길어도 신맛을 덜 느끼게 될 수 있다. 클로로겐산은 로스팅 과정에서 대부분 감소하고, 클로로겐산이 분해되어 퀸산으로 된다.

커피의 신맛은 커피산지, 로스팅 단계, 추출 조건에 따라 달라진다. 신맛의 특성이 강한 산지는 아프리카 대륙의 케냐이다. 케냐 커피의 산미는 강하게 로스팅을 해도 많이 사라지지 않고, 케냐 커피 특유의 신맛을 지니고 있다.

커피의 신맛은 로스팅 단계와 관계가 있다. 로스팅 초기에 수용성 산이 최대에 도달하였다가 계속 로스팅이 진행됨에 따라 분해되어 감소한다. 감소되는 정도는 가열시간과 강도에 영향을 받는다. 따라서 약하게 볶은 커피에 산이 많다.

또 추출조건도 영향을 미친다. 커피와 물이 닿는 시간이 길어질수록 커피의 신맛은 추출 후반에 나오는 다른 맛들에 의해 희석되어 약해진다. 또한 물의 온도가 높을수록 다른 성분들도 빠르게 추출되므로 신맛이 다른 맛 성분들에 의해 희석되어 신맛이 약해진다. 특히, 커피의 경우 역치가 낮은 쓴맛도 가지고 있기 때문에 커피 성분들의 추출이 길어질수록 다른 맛들로 인해 신맛은 줄어든다.

한편, 추출물의 온도가 80℃ 이하일 경우, 커피 성분들이 수용성인 신맛 성분에 비해 덜 추출되기 때문에 신맛이 지나치게 강할 수 있다. 따라서 물의 온도는 80℃ 이상을 유지해주는 것이 균형 잡힌 커피 추출에 필수적이다.

② 단맛

커피생두에 함유된 당은 자당(sucrose)이 주성분으로 아라비카종 커피 기준으로 건조 무게비로 6~9%를 차지한다. 자당은 커피에서 단맛을 약하게 느끼게 해주지만 로스팅 시 캐러멜 반응에서 아세트산이 생성되므로 신맛 생성에도 관여하게 된다. 따라서 커피에서의 단맛은 아주 미미하다. 커피의 평가 항목에서의 단맛은 커피가 심하게 떫거나 쓰지 않으면 대부분 단맛이 있다고 평가하게 된다.

③ 짠맛

커피의 짠맛은 나트륨, 산화칼륨 때문에 느껴질 수 있으나, 대부분의 커피에서 짠맛을 느끼기는 쉽지 않다. 다만 로스팅이 진행되면서 열량이 충분하지 않아, 커피생두가 제대로 익지 않을 경우에는 커피에서 짠맛을 감지할 수 있다.

④ **쓴맛**

현재까지 알려진 커피에서 쓴맛을 내는 물질은 약 30여 종으로 알려져 있다. 커피의 주요 쓴맛 성분은 표 29와 같이 카페인과 트리고넬린 외에 클로로겐산, 탄수화물(당분, 전분과 섬유질) 등은 로스팅 온도가 높아짐에 따라 캐러멜화하여, 커피 특유의 쓴맛을 나타낸다.

커피의 주성분중 하나인 카페인에 의한 쓴맛은 기분 나쁜 쓴맛은 아니다. 그러나 역치가 낮아 커피 전체 쓴맛의 약 10-15%정도 기여한다.

커피의 결정적 쓴맛은 클로로겐산 락톤과 페닐인돌에 의한 것으로 알려졌는데, 이 두 성분은 생두에는 없지만 약한 로스팅 단계에서 중간정도의 로스팅 시 클로로겐산으로부터 생성되며 커피의 쓴맛을 나타내는 주요 성분이다.

클로로겐산 락톤은 약 10가지 형태의 구조를 가지고 있다.

디카페인 커피의 쓴맛이 일반 커피에 비하여 약간 적지만 크게 차이 나지 않은 이유이다. 페닐인돌은 클로로겐산 락톤의 분해 산물로 강하게 로스팅할 때 생성되는데, 입에서 불쾌하면서 입안에 오래 남는 쓴맛을 낸다. 또 커피생두를 로스팅하면 할수록 캐러멜화가 더욱 많이 일어나 쓴맛을 내는 갈색색소가 많아진다. 퀸산은 카페인보다 쓴맛 역치가 10배 이상 낮기 때문에 쓴맛이 강하다. 따라서 커피를 강배전하면 쓴맛이 강해진다.

트리고넬린도 약한 쓴맛을 가지고 있다. 하지만 양이 상대적으로 많아서 쓴맛에 일정부분 기여한다. 퓨퓨릴 알콜(furfuryl alcohol)은 탄맛과 쓴맛에 기여한다.

▌표 29. 커피의 쓴맛을 내는 성분

물질	농도ppm	역치(mg/ml)	비고
퀸산	3200~8700	10	1290
2-메탈 퓨란	0.05		
퓨퓨릴 알콜	300	19~40	10
트리고넬린	3000~10000		
클로로겐산	20~100	20~27	
커피산		10~90	
구연산	1800~8700	96~590	15
사과산	1900~3900	107~350	13
젖산	0~3200	144~400	6
피루르산	400~1700		
초산	900~4000	22~70	53
피라진류	17~40	1	30
페닐 피리딘			
카페인	10000~20000	78~155	155

ISO Sensory

고온에서 추출한 커피는 향이 강하여 쓴맛이 덜 느껴진다. 추출방법 중 드립식이 프렌치 프레스보다 추출되는 고형분이 적고 쓴맛이 적다.

생두의 처리 과정 즉, 건식이나 습식은 커피의 향에 영향을 많이 주지만 쓴맛에는 영향이 적다. 생두를 발효 후 24시간동인 물에 담금 처리를 하면 쓴맛이 줄어든다.

커피에 설탕, 소금, 구연산, 증점제 등을 넣으면 쓴맛이 덜 느껴진다.

한편, 커피의 떫은맛을 내는 타닌은 뜨거운 물에서 분해되거나 변하여 저온에서 잘 녹는다. 따라서 두 번, 세 번 반복 가열하여 추출하면 카페인의 양은 현저히 줄어드는 대신 타닌이 많이 나와 떫은맛이 강해진다.

쓴맛은 로스팅 시간, 로스팅의 강약, 추출 시간, 온도, 추출방법 등에 영향을 받는 매우 복잡한 맛이다. 일반적으로 커피의 쓴맛이 증가하면 신맛은 감소한다. 쓴맛은 추출된 고형분 함량과 관계있기 때문에 추출을 많이 하면 쓰다.

중간 정도로 로스팅한 커피가 가용성물질이 적고 산은 높고 향도 강하여 쓴맛이 적다. 증류수보다는 약한 경수로 추출하였을 때 쓴맛이 덜하다.

(3)커피의 향미 (Flavor) 평가

① 향미 평가

커피의 향미를 평가하는 주요한 속성 항목은 향(Fragrance/Aroma), 향미(Flavor), 여운(Aftertaste), 산도(Acidity), 바디감(Body), 균형감(Balance), 균일감(Uniformity), 깨끗함(CleanCup), 단맛(Sweetness), 결점(Defects) 및 총괄평가(Overall) 이다. 미국 스페셜티 커피협회 (SCAA)에서 사용하는 커피에 대한 주요한 향미 속성을 평가하는 과정을 커핑(cupping)이라고 한다.

커핑(SCAA) 양식은 그림 77과 같다. 커핑폼은 2003년 미국 스페셜티커피협회(이하 SCAA)에서 만들어졌고, 스페셜티 커피의 평가를 위해 생산국과 소비국에서 사용하고 있다. 커핑폼에서 수평 척도는 평가자의 인식과 품질에 대한 경험상 이해를 바탕으로 평가를 하며, 수직 척도는 샘플 커피의 강도를 평가한다. 총 10개 항목으로 100점이 만점이다. 이 외에도 COE(Cup of Excellence)의 커핑폼 등, 커피 수출회사나 대형 로스팅 회사들에서 독자적인 커핑폼을 만들어서 사용하고 있다.

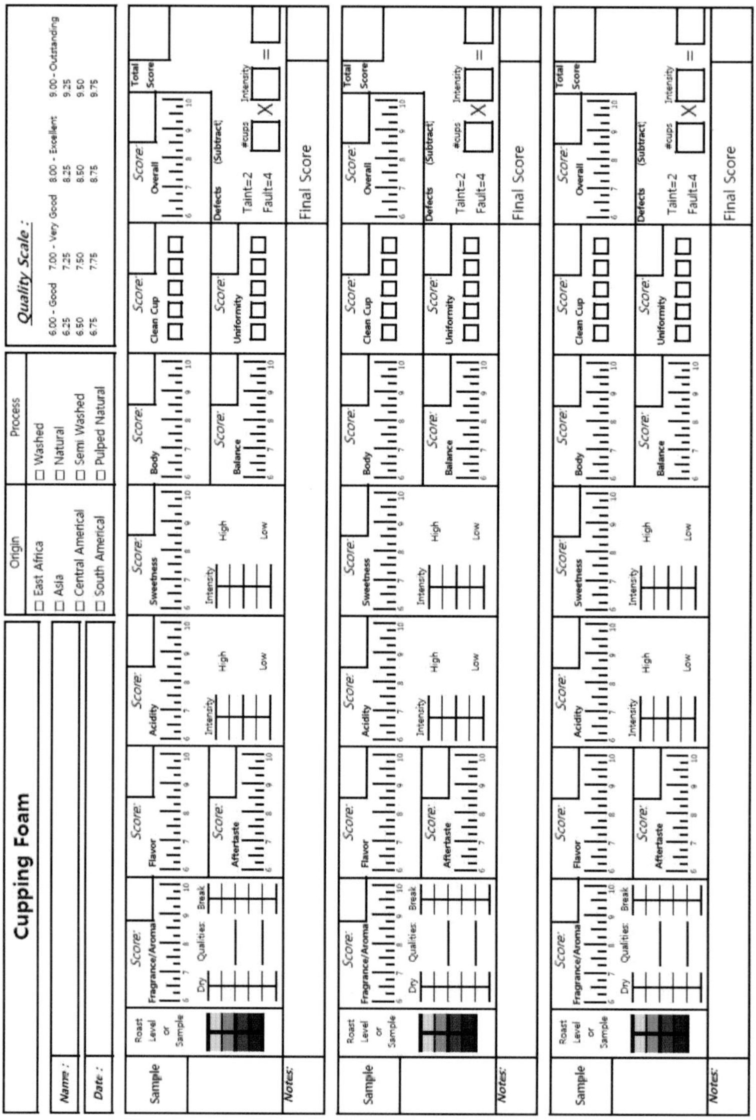
Cupping Foam

Name :

Date :

Origin	Process
☐ East Africa	☐ Washed
☐ Asia	☐ Natural
☐ Central Americal	☐ Semi Washed
☐ South Americal	☐ Pulped Natural

Quality Scale :

6.00 - Good	7.00 - Very Good	8.00 - Excellent	9.00 - Outstanding
6.25	7.25	8.25	9.25
6.50	7.50	8.50	9.50
6.75	7.75	8.75	9.75

Sample | Roast Level or Sample | Score: Fragrance/Aroma 6 7 8 9 10 Dry Qualities: Break | Score: Flavor 6 7 8 9 10 | Score: Aftertaste 6 7 8 9 10 | Score: Acidity 6 7 8 9 10 Intensity High Low | Score: Sweetness 6 7 8 9 10 Intensity High Low | Score: Body 6 7 8 9 10 | Score: Balance 6 7 8 9 10 | Score: Clean Cup | Score: Uniformity | Score: Overall 6 7 8 9 10 | Defects (Subtract) Taint=2 Fault=4 #cups X Intensity = | Total Score | Final Score | Notes:

Sample | Roast Level or Sample | Score: Fragrance/Aroma 6 7 8 9 10 Dry Qualities: Break | Score: Flavor 6 7 8 9 10 | Score: Aftertaste 6 7 8 9 10 | Score: Acidity 6 7 8 9 10 Intensity High Low | Score: Sweetness 6 7 8 9 10 Intensity High Low | Score: Body 6 7 8 9 10 | Score: Balance 6 7 8 9 10 | Score: Clean Cup | Score: Uniformity | Score: Overall 6 7 8 9 10 | Defects (Subtract) Taint=2 Fault=4 #cups X Intensity = | Total Score | Final Score | Notes:

Sample | Roast Level or Sample | Score: Fragrance/Aroma 6 7 8 9 10 Dry Qualities: Break | Score: Flavor 6 7 8 9 10 | Score: Aftertaste 6 7 8 9 10 | Score: Acidity 6 7 8 9 10 Intensity High Low | Score: Sweetness 6 7 8 9 10 Intensity High Low | Score: Body 6 7 8 9 10 | Score: Balance 6 7 8 9 10 | Score: Clean Cup | Score: Uniformity | Score: Overall 6 7 8 9 10 | Defects (Subtract) Taint=2 Fault=4 #cups X Intensity = | Total Score | Final Score | Notes:

▲ 그림 77. SCAA Cupping Form

② **SCAA 커핑**(Cupping) **방법**

커핑을 하기 위한 준비물은 그림 78과 같이 커피샘플, 커핑평가지, 커핑컵, 커피스푼, 타이머, 물컵 등이 필요하다.

a. 샘플준비

- 로스팅 시간은 8~12분으로 한다.
- 로스팅 단계는 agtron#53 또는 SCAA roast tile #55로 한다.
- 로스팅 된 샘플은 차광성 밀폐용기를 이용하여 냉암소에 보관한다.
- 커핑은 샘플 로스팅 후 8~24시간 사이에 실시한다.
- 커핑 시 물의 양은 150ml이며, 커피는 8.25g을 사용한다.

b. 커핑 준비

- 커피샘플은 홀빈 상태에서 8.25g을 계량하여 커핑 컵에 각각 담아 준비한다.
- 커핑 직전에 그라인더를 이용해 페이퍼 드립용 보다 조금 굵게 분쇄한다.

c. 커피평가 1

분쇄된 커피를 살펴 로스팅 컬러가 각 커핑컵마다 같은지 확인한다.

▲ 그림 78. 커핑 준비

▲ 그림 79. 커핑 샘플

▲ 그림 80. 커핑 컵 안의 분쇄 커피

▲ 그림 81. 로스팅 컬러 평가

d. 커피평가 2

- 분쇄된 커피로 fragrance(향)를 평가한다.
- Fragrance(향)를 평가한 후 90~93℃의 물을 150ml 붓고 3~5분이 지난 후 coffee crust(커피 부유물)를 밀면서 걷어내면서 aroma(향)를 평가한다.

▲ 그림 82. Fragrance와 aroma 평가

e. 커피평가 3

물을 부은지 8~10분 정도가 지난 후 커핑 컵 안의 커피 온도가 71℃까지 떨어지면 커핑스 푼을 이용하여 커피를 입안 가득히 분사하기 위한 슬러핑(Slurping)[1]을 실시한다.

▲ 그림 83. Flavor와 aftertaste 평가

온도가 높을 때에는 후각 점막세포에서 증기를 감지하는 강도가 가장 크기 때문에 평가항목 중 flavor(향미)와 aftertaste(후미)를 먼저 평가한다. 커피의 쓴맛은 품종에 따라 차이가 있다. 카네포라(로부스타)종은 아라비카종 보다 클로로겐산과 알칼로이드 성분의 함량이 많기 때문에 같은 로스팅 단계에서도 로부스타품종 커피가 아라비카종 커피보다 더 쓴맛을 지니게 된다.

f. 커피평가 4

평가항목 중 acidity(산미), body(질감), balance(조화)를 평가하고, 샘플 온도가 내려간 상태에서 다시 한 번 평가를 한다.

1 슬러핑(Slurping) : 커피의 맛을 감별하기 위해 커피를 후루룩 들이마시는 일

g. 커피평가 5

평가 항목 중 overall(총평)은 커퍼가 감지한 대로 샘플에 대한 전체적인 평가를 한다. defect(결점)은 커피의 품질을 떨어뜨리는 부정적인 향미를 평가하는 항목으로 taint(오점)와 fault(결점)로 나뉜다. taint(오점)는 느껴지긴 하지만 강하지 않은 나쁜 향미로 aroma(향) 측면에서 발견되며 taint(오점) 강도 항목에서 2점을 주고 전체 점수에서 감점을 하게 된다. fault(결점)는 강한 부정적 향미로 강도 항목에서 4점을 주고 전체 점수에서 감점을 하게 된다.(그림 84)

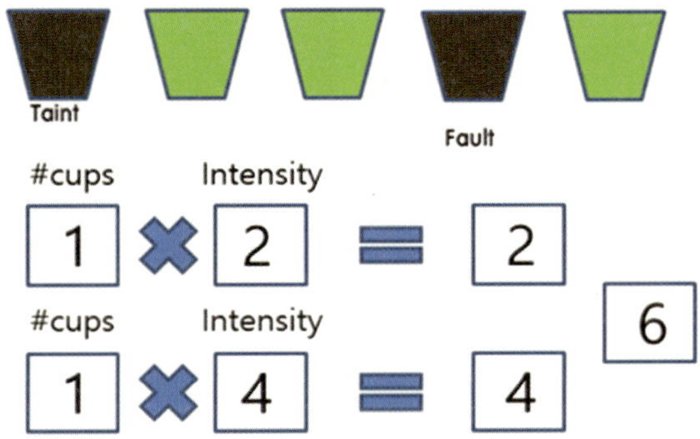

▲ 그림 84. Taint와 fault 감점 계산

3) 원두의 보관

커피를 로스팅한 직후 신선한 커피의 좋은 향은 오래가지 않는다. 좋은 향은 얼마 지나지 않아 사라지고, 산패가 진행되어 강하고 스파이시한 향이 나타난다.

(1) 커피 원두의 산패

유지는 글리세롤 1분자에 3분자의 지방산이 에스터 결합을 이룬 트리글리세리드이다. 유지는 단백질 및 탄수화물과 함께 생물체의 주요한 생체

성분이다. 커피의 유지성분은 산소, 수분, 열, 햇빛, 세균, 효소 등의 작용에 의해 트리글리세리드가 분해되어 유리지방산을 생성한다. 이때 이취가 발생하면서 맛과 색이 변하고, 산화물의 함량이 증대되는데, 이 현상을 유지의 산패라고 한다.

커피원두의 경우 로스팅을 한 직후에는 강한 로스팅 단계가 아니라면 그림 85와 같이 표면에 기름이 없지만, 시간이 지남에 따라 그림 86처럼 기름이 표면으로 배어 나오면서 산패가 시작된다.

▲ 그림 85. 로스팅 직후 커피원두

▲ 그림 86. 커피원두 표면의 기름

커피원두는 로스팅 후 시간이 지남에 따라 향기소실, 맛의 변질이 일어난다. 커피 원두는 보관 중 증발작용→상호반응→산화작용의 3단계를 거쳐 품질이 저하된다. 특히 지질 함량이 높기 때문에 공기 중 산소에 의해 산패가 발생하기 쉽다.

분쇄된 커피는 10일 후에 묵은 향이 나기 시작한다. 커피원두는 물리적으로 이산화탄소를 원두 내에 함유할 수 있는 구조이기 때문에 산소와의 차단 역할을 어느 정도 할 수 있으나 분쇄한 커피는 원두와는 달리 표면적이 넓어 산소와 접촉 면적이 커지면서 빠르게 산패된다. 지방의 산화로 생성되는 2-메틸퓨란(2-methyfuran)과 2-부타논(2-butanone)의 비율이 신선도의 지표로 사용된다.

커피 산패의 요인은 표 30과 같다.

▌표 30. 커피 산패의 요인

요인	산패진행
산소	소량의 산소만 존재해도 커피중 지질 산패가 발생한다.
수분	상대습도가 100%일 때 3~4일, 50%일 때 7~8일, 0%일 때 3~4주부터 산패가 진행된다.
온도	온도가 10℃ 상승할 때마다 2,3승 씩 향기성분이 빨리 소실된다.
배전도	강배전일수록 함수율이 낮으며 더 다공질 상태가 되어 약배전에 비해 산패가 빨리 진행된다.
분쇄입도	분쇄상태의 커피는 홀빈 상태보다 5배 빨리 산패가 진행된다.

(2)원두의 보관

커피는 로스팅이 완료된 직후부터 산화가 시작되므로 산화로 인한 향미 손실과 이취 발생을 방지하기 위해 산화를 최대한 줄일 수 있는 방법으로 보관을 해야 한다.

커피의 산패를 막고 신선도를 유지하려면 산소 대신 반응성이 적은 이산화탄소나 질소와 같은 기체를 주입하여 포장한다. 냉동시키는 것 또한 산패반응을 느리게 하는 데 도움이 된다.

커피를 보관하기에 좋은 용기는 그림 87과 같이 진공포장 상태를 유지해 주는 용기나 아로마 밸브가 달린 커피봉투를 사용하는 것이 좋다.

▲ 그림 87. 진공 포장 용기와 아로마 밸브 부착 커피 봉투

① 원두는 소량으로 구입하여 며칠 이내에 소비하는 것이 좋다.

② 로스팅 된 지 일주일 이내의 커피를 홀빈 상태로 구입한다.

③ 구입한 원두는 밀봉하여 건조하고 서늘한 곳에서 보관하는 것이 바람직하다.

④ 개봉된 원두는 필요한 만큼씩 분쇄하여 사용하는 것이 바람직하다.

⑤ 냉동 보관된 원두는 상온과 온도가 같아진 후에 추출하는 것이 바람직하다.

coffee

바리스타가 꼭 알아야 할 원두에서 카페관리까지

Chapter 03

커피 추출

: 1. 원두의 분쇄 :

커피의 성분을 추출하기 위해서는 가장 먼저 선행되어야 할 과정이 홀빈(whole bean) 상태의 원두를 분쇄하는 것이다. 분쇄란 원두를 가루 형태로 잘게 부수어 물과 닿는 부분을 넓힘으로써 커피가 가진 유효한 성분이 쉽게 용출될 수 있도록 돕는 과정이다.

1) 커피 그라인더

커피 그라인더는 분쇄 원리에 따라 간격식과 충격식으로 분류한다. 또한 모양에 따라 블레이드 그라인더(칼날형), 코니컬 버(원 날개날), 플랫 버(평면 날)로 분류한다. 상업용으로는 롤 커터가 있다. 그라인더 날은 분쇄 시 열이 많이 발생하므로 사용 시간의 2배 이상의 휴식시간을 가져야 한다. 그리고 날의 마모가 심할 경우 반드시 새로 날을 교체해주어야 하며, 정기적으로 관리해야 한다.

(1) 간격식 분쇄

간격식 분쇄는 플랫 버와 코니컬 버 형식이 있으며, 일정한 날 사이에 원두를 통과시켜 분쇄하는 방법으로 분쇄입자가 일정하다.

① 코니컬 버(Conical burr) : 그라인더 날이 원추형으로 되어 있으며 모터속도가 약간 느려 원두에 열에 의한 피해를 덜 줄 수 있고, 풍부한 향미 추출이 용이하다. 핸드밀이나 고급형 가정용 그라인더(에스프레소, 핸드드립 겸용)에 사용된다. (그림 88)

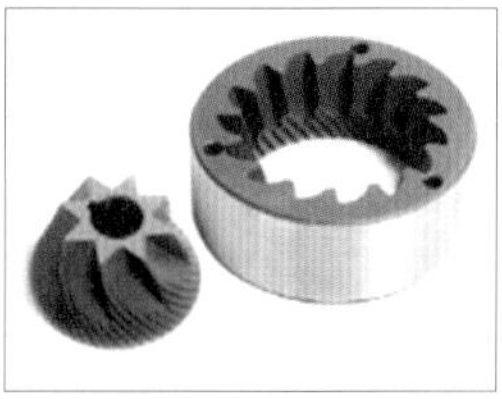

▲ 그림 88. 코니컬 버

② 플랫 버(Flat burr) : 그라인더 날이 평면으로 되어 있는 형태로 균일한 분쇄가 가능하며, 분쇄 속도가 빠르다. 상업용 에스프레소 그라인더와 핸드드립 그라인더로 사용된다. 에스프레소용 그라인더에 사용되는 버의 배치는 가로 형태이며, 핸드드립용 그라인더에 사용되는 버의 배치는 세로 형태이다. (그림 89)

▲ 그림 89. 플랫 버

(2) 충격식 분쇄

블레이드 그라인더(프로펠러식 그라인더)는 일자 모양의 금속 날개를 지닌 날을 고속으로 회전하는 충격체를 이용해 원두를 분쇄하는 방법으로 가격이

▲ 그림 90. 블레이드 그라인더

저렴하여 가정용으로 많이 사용하며, 균일도가 떨어진다. (그림 90) 균일한 입자를 위해서는 분쇄 시 그라인더를 흔들거나, 분쇄 후에 고운가루(미분)을 제거한다.

2) 분쇄도에 따른 추출조건

(1) 분쇄도와 추출시간

커피의 분쇄도는 입자가 작을수록 물과 접촉하는 면적이 넓고, 물이 통과하는 시간이 느려져 추출시간이 길어지고, 커피의 성분이 과다하게 추출되어 맛과 향이 진해진다. 특히 가용성 고형분과 지방이 많이 추출되어 쓴맛이 강해지고 잡맛이 난다. 반대로 분쇄도가 너무 굵으면 물이 통과하는 시간이 빨라져 커피 성분이 제대로 추출되지 않아 밋밋한 맛을 내는 커피가 완성된다.

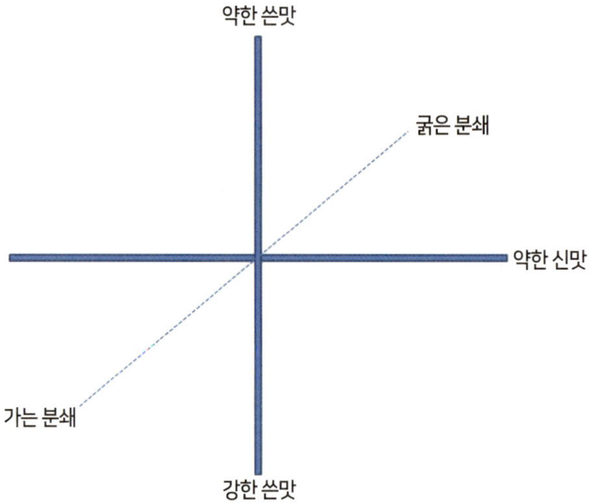

▲ 그림 91. 분쇄도에 따른 커피 맛의 변화

그림 91과 같이 분쇄정도에 따라 커피의 향미가 달라질 수 있으므로 커피 입자 조절에 따라 추출시간을 조절해야 한다. 주로 커피 분쇄도가 굵을수록 추출 시간을 길게, 분쇄도가 가늘수록 추출시간을 짧게 한다.

(2) 분쇄도와 추출기구

원두를 분쇄할 때에는 추출하는 기구에 따라 분쇄도를 달리해야 유효한 커피 성분을 제대로 추출할 수 있다. 일반적으로 추출기구별 적정 분쇄도는 에스프레소 머신을 활용한 커피 추출액은 0.3mm 이하, 사이폰은 0.5~0.7mm, 드립식 추출은 0.7~1.0mm, 프렌치 프레스는 1.0mm 이상으로 보고 있다.(표 31)

표 31. 커피추출기구에 따른 분쇄도

추출기구	에스프레소 머신	사이폰	드립식 추출	프렌치 프레스
분쇄도	0.3mm 이하	0.5~0.7mm	0.7~1.0mm	1.0mm 이상
사진				

⁝ 2. 커피 추출 ⁝

커피 추출이란 원두 속에 있는 유효성분과 다양한 향미를 적절하게 뽑아내는 과정을 의미한다. 즉, 원두가루에 뜨거운 물이 스며들어 원두가 가진 다양한 성분이 물에 용해되고, 용해된 성분들이 확산작용에 의해 물속에 용출되는 과정이다. 커피 추출 시 추출 조건에 따라 커피가 지닌 성분들이 용출되는 정도가 달라진다.

1) 커피 추출에 영향을 주는 요인

커피의 성분이 용출되어 추출에 영향을 끼치는 요소는 적정 수율과 농도, 물, 물의 온도, 추출 시간, 적절한 분쇄도 등의 추출 요소 조건들이 있다.

(1) 적정 수율과 농도

① 수율

커피 수율은 원두에서 추출한 원두성분의 비율을 의미한다. 원두성분은 물로 추출되는 비율이 26%이며, 적정 수율은 18~22%로 본다. 추출 수율이 18% 미만이면 과소추출, 22% 초과하면 과다추출로 분류한다. 과소추출이 일어날 경우 풋내가 나고, 과다추출이 일어날 경우 쓰고 텁텁한 맛이 난다.(그림 92)

$$\text{수율(\%)} = \frac{\text{커피성분의 양}}{\text{원두량}} \times 100$$

▲ 그림 92. 수율

② 농도

커피 농도는 추출된 커피 속에 들어있는 커피성분의 비율을 의미한다. 즉, 커피성분이 물과 섞여있는 비율을 의미한다. 미국스페셜티커피협회(SCAA)에서 명시하는 커피의 적정 농도는 1150~1350 TDS로 1.15~1.35%사이다. "Brewing Control Chart"에서, 평균은 1250 TDS, 즉 1.25%이다. SCAA에서는 커피 농도가 1.15%보다 낮으면 약한 맛, 1.35% 이상이면 강한 맛으로 규정하고 있다.(그림 93, 그림 94, 그림 95)

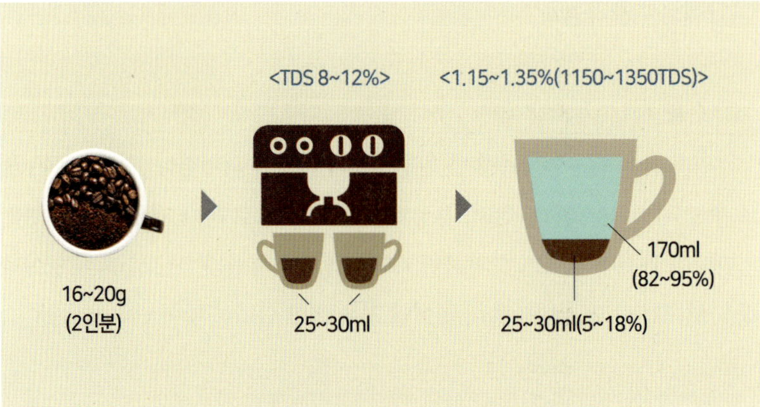

▲ 그림 93. 커피원두의 TDS와 아메리카노 속 커피원두의 TDS

$$\text{농도}(\%) = \frac{\text{커피성분의 양}}{\text{커피 추출량}} \times 100$$

▲ 그림 94. 농도

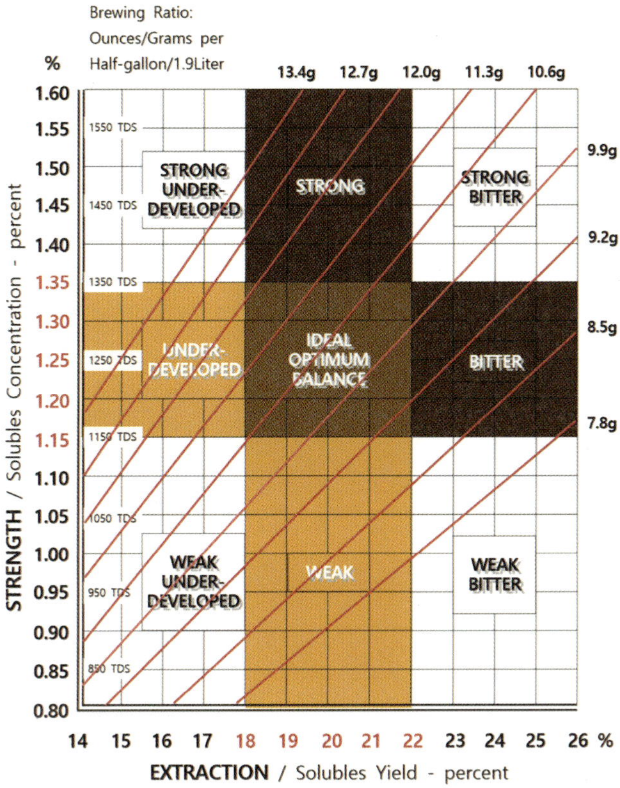

▲ 그림 95. 커피의 적정 농도 (SCAA Brewing Control Chart 재구성)

(2) 물의 온도

커피를 추출하기에 적절한 물의 온도는 보통 88-95℃이다. 커피를 추출할 때 물의 온도가 80℃ 이하로 낮아지면 커피의 유효성분이 제대로 추출되지 않아 밋밋한 맛을 낸다. 반대로 물의 온도가 100℃ 가까이 높아지면 가용성 고형분과 지방이 많이 추출되어 씁쓸하고 텁텁한 맛을 낸다.

(3) 추출 시간

맛있는 커피를 추출하기 위해서는 추출 기구에 따라 추출 시간을 달리해야 한다. 표 32를 보면 에스프레소 머신은 25~30초, 사이폰은 1분, 핸드드립은 2~3분, 프렌치프레스는 4분이다. 만약 기준 시간보다 추출 시간이 너무 짧으면 커피 속에 있는 유효한 성분이 제대로 추출되지 않아 밋밋한 맛이 난다. 또한 추출 시간이 너무 길면 커피 성분이 과다하게 추출되어 씁쓸하고 텁텁한 맛이 난다. 따라서 추출기구에 알맞은 추출시간을 지켜야 한다.

▌표 32. 추출 기구에 따른 추출 시간

추출기구	에스프레소 머신	사이폰	핸드드립	프렌치프레스
추출시간	25~30초	1분	2~3분	4분

(4) 적절한 분쇄도

커피를 추출할 때 원두를 분쇄를 해야 하는 이유는 커피를 잘게 부수어 분쇄해야 커피와 물이 접촉하는 표면적이 넓어져, 커피 추출 시 유효성분이 쉽게 용출되기 때문이다. 분쇄 입자가 너무 굵으면 물이 통과하는 시간이 빨라져 커피 성분이 제대로 용출되지 않게 된다. 반대로 분쇄 입자가 너무 가늘면 물이 통과하는 시간이 길어져 쓰고 텁텁한 잡맛이 난다. 따라서 원두를 분쇄할 때에는 본인이 추구하는 맛에 따라 분쇄도를 달리해야한다.

(5) 물

한 잔의 커피에는 수많은 성분이 들어있지만, 그 중에서도 가장 큰 비중을 차지하고 있는 물질은 바로 물이다. 물은 커피 추출량의 약 98~98.5%를 차지하고 있기 때문에, 이상한 맛이나 냄새가 없어야하고, 불순물을 걸러낸 정수된 물을 사용하여야 한다.

① 물의 종류

a. 경수

경수는 칼슘염류와 마그네슘염류를 비교적 많이 포함하고 있다. 경도가 높은 천연수이며, '센물'이라고도 한다. 염류를 비교적 많이 포함한 경수로 커피를 추출하면 쓴맛이 나는 커피가 추출된다. 또한 경수로 커피를 추출할 경우 에스프레소 머신의 보일러 급수배관의 부식을 초래하여 금속물질이 용출될 수 있다.

b. 연수

연수는 칼슘염류와 마그네슘염류가 적게 함유되고, 경도가 낮은 물이다. '단물'이라고도 한다. 염류가 적은 연수로 커피를 추출하면 가볍고 산뜻한 느낌의 커피가 추출된다. 보통 무기물이 50~100ppm 정도 함유되었을 때 커피의 맛이 좋다고 한다.

물의 경도(hardness)란?

칼슘과 마그네슘 이온의 양을 탄산칼슘의 ppm으로 환산한 값으로 물속에 포함된 칼슘염류와 마그네슘 염류의 농도를 나타내는 척도이다. 경도의 정도에 따라 연수(0-75), 적당한 경수(75-150), 경수(150-300), 강한 경수(300 이상)로 분류된다.

② 물의 pH와 TDS

커피를 추출할 때 물은 용매로서의 기능을 이용하는 것으로 커피 속에 있는 성분 중에서 우리가 원하는 향미 성분을 최대로 추출하기 위해 pH, TDS 등과 같은 요소들을 고려하여 추출해야 한다.

a. pH(pH value)

pH는 수소 이온 농도의 지수로, 물의 산성이나 알칼리성 정도를 나타내는 수치이다. 일반적으로 커피는 pH 5.5 정도의 약산성을 띤다. 추출 시 pH가 알칼리성인 물을 사용하면 용해도가 증가하지만 산미물질을 중화시킬 수 있어 커피 맛을 밋밋하게 만들 수 있다. 반대로 산성이 높은 물을 사용하면 산미 물질이 지나치게 되어 위장장애 등을 일으킬 수 있다. 따라서 커피를 추출할 때에는 pH 7인 중성의 물을 사용하는 것이 좋다.

b. TDS(Total dissolved solid)

물속에는 미네랄, 염분, 양이온, 음이온 등이 녹아있는데, TDS는 물에서 수분을 제외한 고형물질의 총량을 의미한다. (그림 96) TDS 수치가 높은 물은 맛의 변화를 일으켜 커피 추출 시 짠맛, 쓴맛, 금속 맛을 낸다. 또한 TDS 수치가 높은 물은 그 속에 녹아있는 성분들이 커피 성분의 추출을 방해하여 커피성분이 제대로 추출되지 않아 커피 맛이 흐려진다. 또한 반대로 TDS가 낮은 물을 사용하면 과도한 추출이 이루어질 수 있어 커피 맛이 지나치게 강해지는 현상이 나타난다. 커피추출수의 적당한 TDS는 100~200ppm 정도이다.

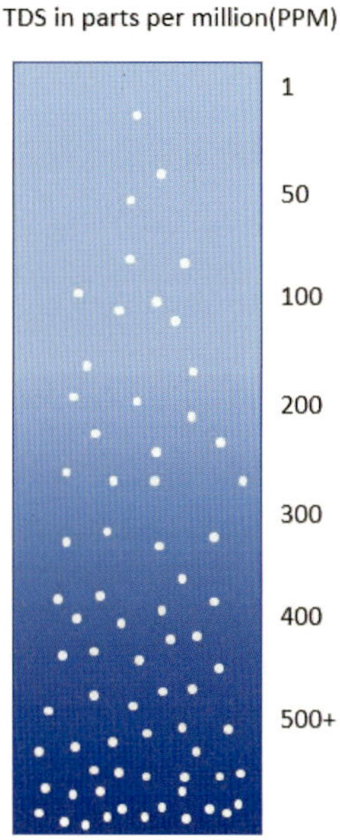

▲ 그림 96. TDS

2) 에스프레소 머신을 이용한 커피 추출

에스프레소는 기압과 온수를 이용한 커피 추출액으로 1901년 이탈리아의 베제라가 증기압을 활용하는 에스프레소 머신을 개발하면서 시작되었다.

이후 1905년 데지데리오 파보니에 의해 좀 더 업그레이드 된 에스프레소 머신이 개발되었다. 하지만 1.5bar의 증기압으로 연속 추출은 어려웠다. 이후 여러 시도 끝에 피스톤의 원리를 도입한 에스프레소 머신을 아킬레 가찌아가 개발하였다. 그 후로 현대 에스프레소 머신의 완성작이라고 할 수 있는 훼마 커피머신이 개발되었다.

(1) 에스프레소 머신과 에스프레소용 그라인더의 구조

① **에스프레소 머신의 구조**(그림 97)

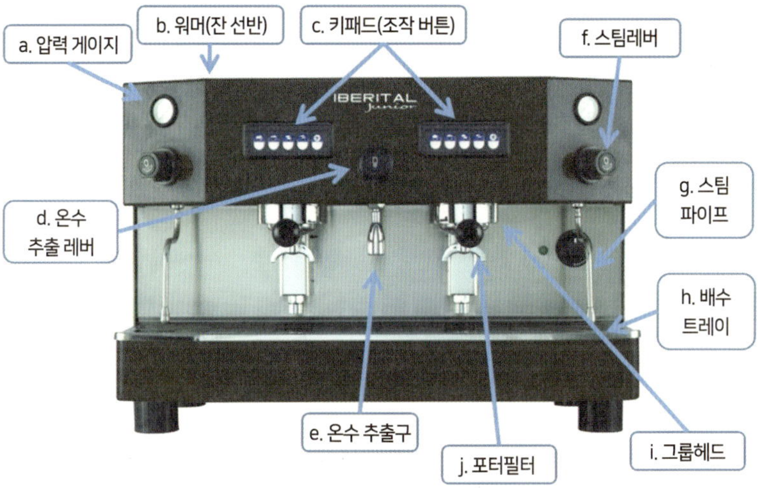

▲ 그림 97. 에스프레소 머신의 구조

a. 압력 게이지 : 펌프 압력계와 보일러 압력계로 나누어진다. 펌프와 보일러의 압력을 표시하는 압력 게이지이다.

b. 워머(잔 선반) : 잔을 올려놓는 곳으로, 머신이 켜져 있는 상태에서는 잔을 따뜻하게 데워주는 역할을 한다.

c. 키패드(조작 버튼) : 추출 시 조작하는 버튼으로 물의 양을 기준으로 추출량과 시간을 조절할 수 있다. 보통 5개의 키패드에서 4개는 세팅할 수 있으며, 1개는 세팅 값이 없는 추출버튼으로 이루어져 있다.

d. 온수 추출 레버 : 온수를 추출하는 레버이다.

e. 온수 추출구 : 온수가 나오는 추출구이다.

f. 스팀레버 : 스팀 사용 시에 스팀을 열어주는 레버이다.

g. 스팀 파이프 : 스팀이 나오는 파이프이다. 스팀 파이프 아래에는 스팀이 나오는 스팀 노즐이 연결되어 있다.

h. 배수 트레이 : 커피 추출수를 받아서 배수관으로 흘려주는 배수 받침대이다.

i. 그룹헤드 : 커피 추출수가 데워지고 커피를 추출하는 곳이다.

j. 포터필터 : 분쇄된 원두가루를 담아 에스프레소 머신에 장착하는 기구이다.

② **에스프레소 머신의 주요 부품과 기능**(그림 98)

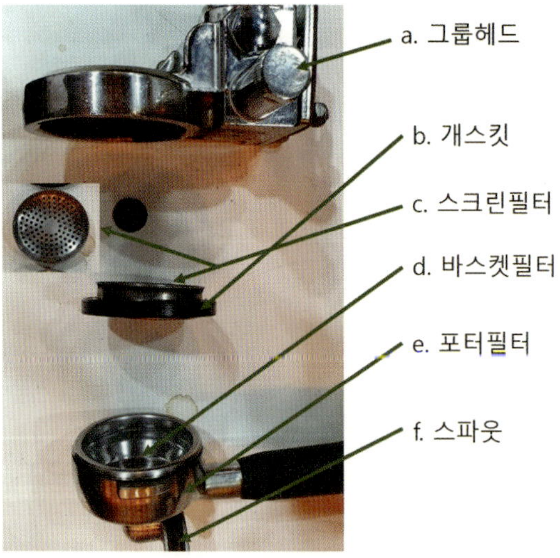

▲ 그림 98. 에스프레소 머신의 주요 부품

a. 그룹헤드 : 커피 추출수가 데워지고 커피를 추출하는 곳이다. 그룹헤드는 열전도가 되는 동 재질로 만들어지며, 부식을 방지하기 위해 크롬으로 얇게 씌운다. 온도 유지를 위해 두껍게 만든다.

b. 개스킷 : 커피 추출 시 가해지는 압력이 밖으로 새지 않도록 막아주는 역할을 한다. 커피를 많이 추출하는 매장이나 포터필터가 오른쪽으로 많이 돌아가는 경우 적절한 시기에 교체해야 한다.

c. 스크린 필터 : 샤워홀더와 샤워스크린으로 구성되어 있다. 커피 추출 시 강한 압력으로 내려오는 물을 분산시켜 추출수가 커피의 표면에 골고루 분사해주는 역할을 한다. 스크린 필터는 매일같이 블라인드 필터(에스프레소 머신 청소용필터)를 활용하여 백 플러싱(Back Flushing)[1]을 하거나 전용 솔로 청소해주어야 하며, 청소 후에도 과도한 커피찌꺼기가 나올 경우 교체해야 한다.

d. 바스켓필터 : 커피 추출 시 분쇄된 원두가루를 담는 기구이다. 원두를 담는 용량에 따라 1인용과 2인용으로 구분된다.

e. 포터필터 : 원두가루를 담아 에스프레소 머신에 장착하는 기구이다. 장착 시에는 왼쪽으로 45° 돌려서 장착을 한다. 장착 시에는 과도하게 힘을 주어 그룹헤드나 배수 트레이에 충격을 가하지 않도록 조심해야 한다.

f. 스파웃 : 커피 추출 시 용해된 커피 추출액이 나오는 입구이다. 원두 용량에 따라 입구가 1개인 것과 2개인 것으로 나누어진다.

g. 보일러 : 내장된 열선을 활용하여 전기로 추출수를 가열하고 저장하는 곳이다. 물을 가열하여 온수와 스팀을 공급하는 역할을 한다. 본체는 동으로 이루어져 있으며, 내부는 부식 방지를 위해 니켈로 도금한다.(그림 99)

▲ 그림 99. 보일러

1 백 플러싱(Back Flushing) : 에스프레소 머신의 압력을 활용하여 그룹 헤드에 남아 있는 커피찌꺼기를 제거하는 과정

③ **에스프레소용 그라인더의 구조**(그림 100)

▲ 그림 100. 에스프레소용 그라인더

a. 호퍼통 : 원두를 담는 통이다. 벌레의 유입이나 원두의 산패 방지를 위해 호퍼의 뚜껑을 잘 닫아두어야 한다.

b. 분쇄도 고정 핀 : 분쇄도가 움직이지 않도록 고정하는 핀이다.

c. 분쇄도 조절 레버 : 분쇄 날 사이의 간격을 조절하여 분쇄입자를 조절하는 레버이다.

d. 락킹 슬라이드 : 원두가 분쇄구로 들어가는 것을 막는 역할을 한다.

e. 도저통 : 분쇄된 원두가루가 떨어지는 곳이다. 분쇄된 원두는 즉시 사용하는 것이 바람직하다.

f. 도징 레버 : 분쇄한 원두가루를 바스켓 필터로 담는 레버이다. 도징 레버를 끝에서 끝까지 당겨야 원두가루가 잘 담아진다.

g. 포터필터 거치대 : 포터필터의 스파웃을 거치하는 곳이다. 바리스타가 자유롭게 상하좌우로 움직이며 원두가루를 담을 수 있도록 고정되어 있지 않다.

h. 전원 스위치 : 전원을 켜고 끄는 레버이다. 버튼과 레버 형식으로 구분된다.

I. 그라인더 트레이 : 도저통에서 떨어지는 원두가루나 포터필터에서 떨어지는 물기를 받아주는 곳이다.

(2) 에스프레소 머신을 이용한 커피 추출액

▲ 그림 101. 에스프레소

그림 101의 에스프레소는 수용성 성분 외에 비수용성 성분도 함께 추출된다. 좋은 에스프레소를 추출하기 위해서는 각종 추출요소와 머신의 성능뿐만 아니라 숙련된 바리스타의 능력이 요구된다.

에스프레소 머신을 이용하여 추출할 수 있는 추출액은 에스프레소뿐만 아니라 추출 시간에 따라 표 33과 같이 리스트레토, 에스프레소, 룽고로 분류한다.

표 33. 에스프레소 머신을 이용한 커피추출액

	리스트레토(Ristretto)	에스프레소(Espresso)	룽고(Lungo)

용어의 뜻	이탈리아어로 '응축된', '압축된' 이란 뜻	'빠르다'라는 뜻	이탈리아어로 '길다'라는 뜻
추출시간	15~20초	25~30초	35~40초
추출량	15~20ml	25~30ml	35~40ml
맛	기분 좋은 신맛	균형 잡힌 맛, 감칠맛	씁쓸한 맛

* 추출압력 8~10 bar / 추출수 온도 90~95℃

① **에스프레소**(Espresso)

에스프레소는 영어로 'Espresso'는 '빠르다'는 의미를 가지고 있다. 일반적으로 90~95℃ 물의 온도에서 8~10bar의 압력을 받아 25~30초 사이에 추출되며, 적절한 추출이 이루어지면 크레마를 포함하여 25~30*ml* 정도 추출되는 이탈리아식 커피를 말한다.

② **리스트레토**(Ristretto)

리스트레토는 "Restrict(제한하다, 한정하다)"이라는 뜻을 가진 커피 추출액이다. 에스프레소보다 10초 정도 짧은 시간 추출하여 커피가 가진 성분을 제한하여 추출한다. 추출시간은 15초에서 20초 사이이며, 추출량은 15~20*ml* 인 커피 추출액이다.

③ 룽고(Lungo)

룽고는 "Long(길다)"라는 뜻을 가지고 있다. 에스프레소보다 10초 정도 길게 추출하여 커피 성분 대비 물의 양이 많아 리스트레토나 에스프레소보다 맛이 연하고 밋밋하다. 룽고의 추출시간은 35초에서 40초이고, 추출량은 35ml에서 40ml이다.

④ 크레마(Crema)

▲ 그림 102. 크레마

크레마는 에스프레소 머신을 이용한 커피 추출액 위에 뜨는 갈색 거품이다(그림 102). 에스프레소 머신의 순간적인 압력에 의해 생기며, 커피의 지방성분과 아교질 성분이 섞여있다. 크레마는 커피 추출액이 식는 것을 막아주며, 지방성분을 포함하고 있어 풍부한 맛을 느낄 수 있게 해준다. 또한, 황금색(갈색)을 띠어 시각적으로 좋은 효과를 내며, 부드러운 거품 형태이기 때문에 마실 때 부드러움을 느끼게 해준다.

⑤ 추출결과

에스프레소 머신을 이용한 커피 추출은 짧은 시간에 이루어지므로 분쇄도, 탬핑 강도, 추출량, 물의 온도 등의 추출요소에 의해 아주 민감한 결과를 가져오는데, 커피 성분이 너무 적게 추출되거나 그 반대로 커피성분이 너무 많이 추출되면 커피가 지나치게 싱겁거나 불쾌한 맛이 나므로 항상 적정범위 안에서 추출이 이루어지도록 해야 한다.

일반적으로 에스프레소는 추출시간이 짧을수록 신맛이 강조되며 추출시간이 길어질수록 쓴맛이 강조된다.

(3) 에스프레소 추출을 위한 도구

① **탬퍼**

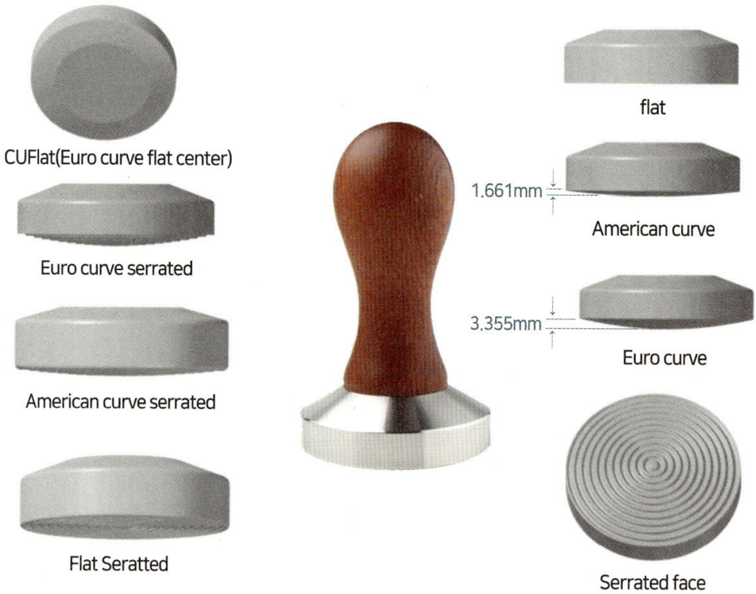

▲ 그림 103. 탬퍼의 종류

탬퍼는 포터필터 안에 담은 원두가루를 수평으로 다져주는 역할을 한다. 원두가루가 수평이 되지 않으면 원두가루가 적은 쪽은 과소 추출, 원두가루가 많은 쪽은 과다 추출되어 균일한 커피추출이 어렵다. 탬퍼 베이스의 크기는 포터필터의 규격에 따른다. 바스켓 필터의 직경이 몇mm인지 확인 후 베이스를 선택해야 한다. 탬퍼는 베이스의 모양에 따라 플랫형, 커브형, 리플형이 있다.(그림 103)

a. 탬퍼의 종류

* 플랫(Flat)형 : 탬퍼의 바닥이 완전 평면인 Flat과 베이스는 완전 평면이지만 가장자리가 커브인 C-Flat이 있다. Flat은 숙련된 바리스타의 경우 이상적인 추출이 가능하다. C-Flat은 바스켓 필터와 원두가루의 밀착력을 높여준다. 비숙련 바리스타도 쉽게 사용 가능하다.
* 커브(Curve)형 : 커브형은 베이스의 중심부가 볼록한 모양의 탬퍼이다. 바스켓 필터와 원두가루의 밀착력을 높여주어, 탬핑 시 균일한 탬핑이 가능하다. 볼록한 두께에 따라 Euro Curve와 US Curve가 있다. Euro Curve은 볼록한 두께가 3.355mm이고, US Curve는 1.661mm이다.
* 리플(Ripple)형 : 리플형은 베이스 바닥면에 물결무늬를 새겨 물과 닿는 표면적을 넓힌 탬퍼이다. 물결무늬사이로 물이 잘 스며들어서 커피의 추출이 용이하다. 리플형 탬퍼에는 Ripple과 리플형과 커브형 탬퍼의 장점을 살려 만든 C-Ripple가 있다. C-Ripple은 물결무늬가 있어 물이 잘 스며들고, 중심부가 볼록하여 바스켓 필터와 원두가루의 밀착력을 높여준다.

b. 탬퍼 사용 방법

탬퍼는 베이스 부분이 알루미늄이나 스테인리스로 구성되어 있어 무게가 제법 무겁다. 탬퍼를 제대로 사용하지 못하면 손목에 무리가 생길 수 있으며 균일한 커피 추출이 어렵다. 따라서 탬퍼를 잡는 올바른 방법은 손목을 보호하고, 균일한 추출을 위해 중요하다. (그림 104)

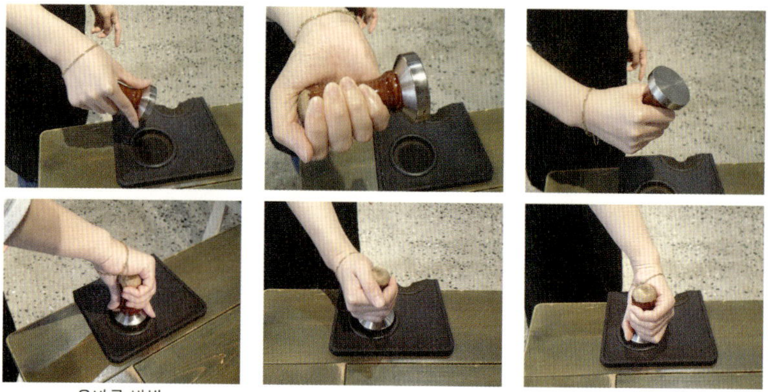

올바른 방법 잘못된 방법

▲ 그림 104. 탬퍼 사용 시 올바른 방법과 올바르지 않은 방법

② **데미타세**(Demitasse)

▲ 그림 105. 데미타세

그림 105의 데미타세는 에스프레소를 담아 제공하는 잔이다. 용량은 60~70ml (약 2oz)정도이며, 재질은 도기로 되어있다. 일반 컵보다 두꺼워 커피가 빨리 식지 않게 해주며, 내부는 둥근U자 형태로 에스프레소를 직접 받을 때 튀지 않도록 설계되어 있다. 외부컬러는 다양하지만 내부컬러는 일반적으로 흰색이다.

③ **샷 글라스**

▲ 그림 106. 샷글라스

샷 글라스는 리스트레토, 에스프레소, 룽고 추출 시 정량을 확인할 수 있도록 눈금이 표시되어 있는 잔이다.(그림 106) 재질은 강화유리로 되어 있어 쉽게 깨지지 않고, 커피 추출액의 온도 유지를 위해 두껍게 만들어진다. 10ml마다 눈금이 표시되어 있다.

④ 벨 크리머

벨 크리머는 커피 추출 시 커피 추출액을 담는 잔이다. 스테인리스 재질로 구성되어 있어 깨질 위험성이 없다. 또한 손잡이가 있어 추출 후 이동이 편리하다는 장점이 있다. 벨 크리머는 용량에 따라 3oz, 5oz, 8oz로 다양한 나누어져 있다. (그림 107)

▲ 그림 107. 벨크리머

(4) 에스프레소 추출 순서

에스프레소 추출은 그림 108과 같이 에스프레소 머신의 그룹헤드에서 포터필터를 분리한 후, 분쇄원두를 담고 포터필터 안의 커피의 수평을 잘 맞춰준 후 그룹헤드에 장착한 다음 추출 버튼을 눌러 추출한다.

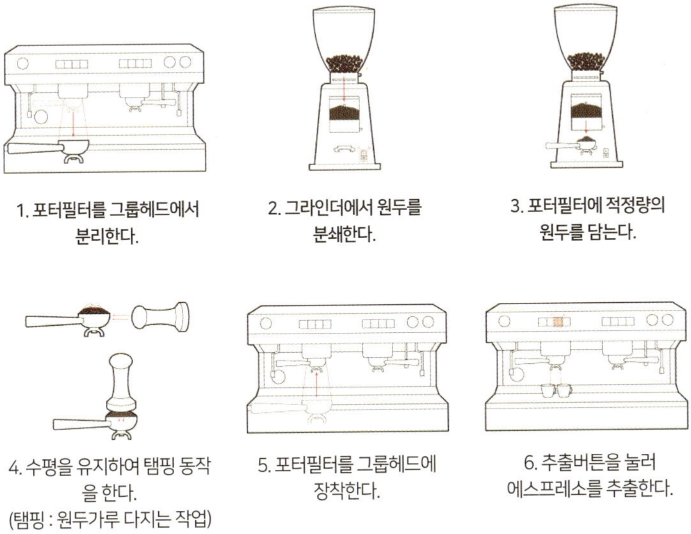

그림 108. 에스프레소 머신 추출 방법

▲ 그림 109. 포터필터 분리

① 포터필터 분리하기

그림 109와 같이 에스프레소 머신의 그룹헤드에 장착되어 있는 포터필터를 왼쪽으로 45° 움직여 분리한다.

▲ 그림 110. 포터필터 물기 제거

② 포터필터 물기 제거하기

포터필터를 분리한 후 그림 110과 같이 린넨을 이용하여 스파웃에서 떨어지는 물기를 제거하고, 바스켓필터 안 안쪽에 묻은 원두가루를 닦아준다.

▲ 그림 111. 분쇄 원두 담기

③ 원두가루 담기

그림 111과 같이 포터필터 스파웃을 그라인더 거치대에 걸고 전원 스위치(레버)를 켠다. 도징 레버를 끝에서 끝까지 당겨서 원두가루를 바스켓 필터에 담는다(도징). 원두가루가 분쇄되는 속도가 사람이 원두가루를 담는 속도보다 빠르므로 원하는 양의 80%정도가 담겼을 때 전원 스위치(레버)를 끄고 나머지 원두가루를 받는다.

▲ 그림 112. 분쇄 원두 수평 맞추기

④ 레벨링 하기

그림 112와 같이 원두가루를 다지기 전에 수평을 맞춰주는 작업을 한다. 탬퍼를 잡고 나무 부분으로 원두가 부족한 부분을 탁탁 쳐준다. 원두는 분쇄되면서 산패가 시작되므로 레벨링에 많은 시간을 허비하지 않도록 주의한다.

▲그림 113. 탬핑

⑤ 탬핑 하기

탬핑은 그림 113과 같이 원두가루를 평평하게 다져주는 동작이다. 탬핑은 분쇄된 원두가루 층이 균일한 밀도를 유지하여, 추출수가 균일하게 통과하도록 추출하기위해 꼭 필요한 작업이다. 탬핑을 할 때에는 동서남북 방향 중 한쪽으로 치우치지 않고 수평이 맞도록 주의해야한다. 그리하여 다지기 동작 전 수평이 맞는지 확인하여야 한다.

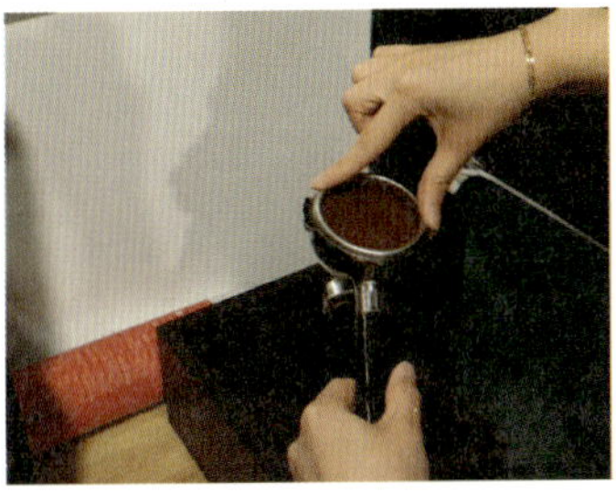

▲그림 114. 원두가루 털어내기

⑥ 원두가루 털어내기

그림 114와 같이 포터필터의 가장자리 부분에 묻어있는 원두가루를 넉 박스 위에 털어낸다.

▲그림 115. 포터필터 장착

⑦ 포터필터 장착하기

그림 115와 같이 포터필터를 그룹헤드의 양쪽 홈에 따라 왼쪽으로 45° 돌려서 홈 안에 넣은 후 수평을 맞추어 오른쪽으로 더 이상 돌아가지 않을 때까지 돌린다.

▲그림 116. 잔 내리기

⑧ 잔 내리기

그림 116과 같이 머신 워머에 올려 있는 잔을 머신 트레이에 내려 스파웃이 잔에 안쪽으로 오도록 맞춘다.

▲ 그림 117. 추출하기

⑨ 추출하기

커피 추출 키패드를 눌러 그림 117과 같이 원하는 커피 추출액을 추출한다. (리스트레토, 에스프레소, 룽고 등)

▲ 그림 118. 포터필터 분리

⑩ 포터필터 청소하기

포터필터를 분리하여(그림 118) 그림 119와 같이 넉박스에 있는 실리콘 고무바에 포터필터의 헤드 부분을 톡톡 쳐서 커피찌꺼기(커피퍽)를 분리한다. 남은 커피찌꺼기는 추출 키패드를 눌러 추출온수로 헹군다.

▲ 그림 119. 커피찌꺼기 버리기

▲ 그림 120. 포터필터 장착

⑪ 포터필터 장착하기

그룹헤드의 가스캣이 경화를 막기 위해 사용한 포터필터는 그림120과 같이 그룹헤드의 양쪽 홈에 따라 왼쪽으로 45° 돌려서 홈 안에 넣은 후 수평을 맞추어 오른쪽으로 더 이상 돌아가지 않을 때까지 돌린다.

3) 에스프레소 머신 외 커피 추출

(1) 커피 추출 방식

커피의 추출 방식은 침지식과 여과식으로 크게 두 가지로 나눈다.(표 34)

▌표 34. 커피 추출 방식

<table>
<tr><th colspan="2">추출방식</th><th>추출기구</th><th>내용</th><th>분쇄입도</th></tr>
<tr><td rowspan="3">침지</td><td>우려내기
(Infusion)</td><td>프렌치 프레스
(French press)</td><td>원두가루에 뜨거운 물을 넣고 우려내어 커피를 추출하는 방식</td><td>1.0mm
이상</td></tr>
<tr><td>달이기
(Decoction)</td><td>터키식 커피
(Ibrik)</td><td>원두가루와 물을 넣고 가열하여 커피를 추출하는 방식</td><td></td></tr>
<tr><td>진공여과
(Vacuum filtration)</td><td>사이폰
(Syphon)</td><td>하부 추출용기에 들어있는 물을 가열하여 발생하는 증기압에 의해 물이 상부 추출용기로 올라가면, 원두가루와 물을 섞은 후 증기압을 제거하여 커피 추출액이 다시 하부로 내려오도록 하는 방식</td><td>0.5
~0.7mm</td></tr>
<tr><td rowspan="3">여과</td><td>드립여과
(Drip filtration)</td><td>핸드드립(Hand drip)
융(Flannel)</td><td>추출 용기에 원두가루를 넣고 뜨거운 물을 통과시켜 커피를 추출하는 방식</td><td>0.7
~1.0mm</td></tr>
<tr><td rowspan="2">가압 추출
(Pressurized infusion)</td><td>모카 포트
(Moka pot)</td><td rowspan="2">원두가루에 뜨거운 물과 압력을 가하여 커피를 추출하는 방식</td><td>0.5mm
~1mm</td></tr>
<tr><td>에스프레소 머신
(Espresso machine)</td><td>0.3mm
이하</td></tr>
</table>

① 침지식(침출식) : 분쇄된 원두가루에 뜨거운 물을 넣고 우려내거나 가열하여 가용 커피성분을 뽑아내는 방식이다. 침지 방식에는 이브릭, 프렌치프레스 등이 있다.

a. 이브릭(Ibrik)

이브릭이라는 긴 손잡이가 달린 주전자에 원두가루와 물을 넣고 가열하여 커피를 우려내는 하는 방식으로, 커피 추출 방법 중 가장 오래된 방법이다.

* 1인 기준 : 아주 곱게 분쇄한 원두 5g, 물 60ml

▲ 그림 121. 이브릭 추출 방법 1

이브릭에 곱게 분쇄한 원두가루 5g과 물 60ml를 넣고 저어준 후 불 위에 올린다.(그림 121)

▲ 그림 122. 이브릭 추출 방법 2

중불로 끓이다가, 커피 추출액이 끓어오르면 이브릭을 불 위에서 분리한다.(그림 122)

▲ 그림 123. 이브릭 추출 방법 3

거품이 가라앉기를 기다렸다가 다시 불 위에 올린다. 같은 과정을 3회 반복한 후 잔에 따른다.(그림123)

b. 프렌치프레스(French press)

프렌치프레스는 차를 우려내는 기구로 잘 알려져 있지만, 본래 만들어진 목적은 커피 추출을 위해 개발된 추출기구이다. 또한 프렌치프레스는 커피 추출에 활용되기도 하지만, 추출기구의 특성 상 공기주입과 기압을 활용하여 가정에서 거품기 대신 우유 거품을 낼 때에도 활용할 수 있다.

* 1인 기준 : 1.0mm 이상으로 분쇄한 원두 10g, 90℃ 뜨거운 물 120ml

▲ 그림 124. 프렌치프레스 추출방법 1

서버에 원두가루를 넣고 뜨거운 물을 붓는다.(그림 124)

▲ 그림 125. 프렌치프레스 추출방법 2

원두가루와 물이 잘 섞이도록 교반한다.(그림 125)

▲ 그림 126. 프렌치프레스 추출방법 3

4분 후 프레스 손잡이를 끝까지 눌러 원두가루를 밀어낸 후 가루가 가라앉기를 기다렸다가 잔에 따른다.(그림126)

② 여과식(투과식) : 분쇄된 원두가루가 담긴 종이나 융, 금속으로 된 필터에 물이 통과하여 가용 커피성분을 뽑아내는 방식이다. 여과 방식에는 핸드드립(멜리타, 칼리타, 하리오, 고노), 클레버, 케멕스, 에어로프레스, 모카포트 등이 있다. 그 중 핸드드립은 가정에서 가장 많이 사용하는 추출 방식이다.

a. 드리퍼

분쇄된 원두가루를 필터에 담을 때 받쳐주는 기구로 어떤 드리퍼를 사용하는지에 따라 같은 원두라도 다양한 맛을 추출할 수 있다. 드리퍼의 종류에는 플라스틱, 유리, 도자기, 스테인리스 등이 있다. (표 35)

표 35. 드리퍼의 종류

드리퍼 종류	플라스틱	유리	도자기	스테인리스
사진				
장점	파손의 위험이 적음 무게가 가벼움	보온성이 높음	보온성이 높음 향미 유지에 유리	파손의 위험이 적음 보온성이 높음
단점	보온성이 낮음	무거움 파손의 위험이 있음	파손의 위험이 높음	비교적 고가 관리의 어려움 (변색)

플라스틱은 깨지지 않고 가벼워 이동의 편리함이 있지만, 보온성이 낮다. 유리는 보온성이 높아 커피의 향미를 오래 유지시킬 수 있지만 플라스틱에 비해 무겁고 이동 시 파손의 위험이 있다. 도자기는 보온성이 좋지만, 균열이 생기기 쉽고 끝 부분이 잘 깨지는 등 파손의 위험이 높다. 스테인리스는 깨지지 않고 보온성이 좋지만, 가격이 고가이고 시간이 갈수록 변색될 수 있어 관리의 어려움이 있다.

리브(Rib)란?

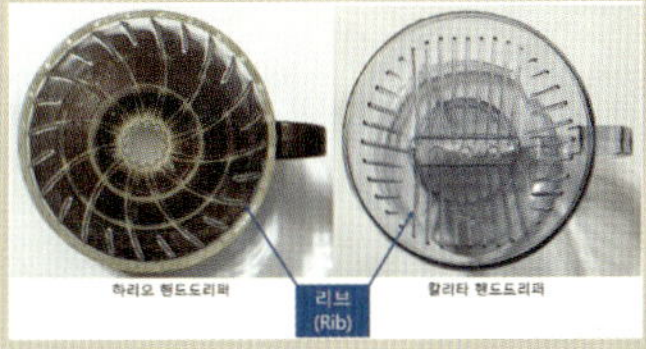

드립 필터가 드리퍼에 잘 밀착되고 커피의 추출이 원활하게 이루어질 수 있도록 만든 홈이다. 리브는 뜨거운 물이 커피 층을 통과할 때 물의 흐름을 원활하게 해주며, 추출할 때 리브 사이의 공간을 통해 공기가 빠져나갈 수 있도록 통로 역할을 하므로 커피의 성분이 어느 곳에서나 골고루 추출될 수 있도록 해준다.

b. 드립포트

커피 추출 시 뜨거운 물을 담는 주전자이다. 물줄기 조절과 추출 속도에 안정감을 주기 위해 입구가 좁거나 넓은 형태로 나누어진다. 드립포트의 재질은 스테인리스(그림 131)와 동(그림 132)이 있다. 스테인리스 재질은 직화가 가능하지만, 동 재질은 직화가 불가능하므로 사용 시 유의하여야 한다.

▲ 그림 131. 스테인리스 드립포트

▲ 그림 132. 동 드립포트

c. 드립필터

원두가루를 담아 드리퍼에 밀착하는 필터로 종이필터, 융 필터, 금속필터 등이 있다(표 36). 필터에 따라 추출되는 커피의 성분이 달라지므로 추구하는 맛에 따라 필터의 종류를 선택해야 한다.

▌표 36. 드립필터의 종류

필터 종류	종이	융	금속
사진			
장점	사용이 편리(일회용) 깔끔한 맛	다회 사용 지용성 성분 추출 (부드러운 맛)	지용성 성분 추출
단점	가벼운 맛	관리가 어려움	미분 추출 텁텁한 맛

종이필터는 일회용으로 추출 후 처리과정이 간편하고, 지용성 성분이 걸러지기 때문에 깔끔한 맛을 내는 추출이 가능하다. 그러나 지용성 성분이 추출되지 못하여 자칫 가벼운 맛의 커피가 추출될 수 있다. 또한 종이필터는 표백여부에 따라 황색필터와 백색필터로 나뉜다(표 37). 종이필터는 인체에 무해한 물로 표백하기 때문에 어떤 필터를 사용해도 무방하다.

▌표 37. 표백여부에 따른 종이필터의 종류

필터 종류	황색 필터(무 표백)	백색 필터(표백)
사진		

종이 필터를 접는 방법에는 크게 두 가지가 있다. 접합면이 2개가 있는 멜리타/칼리타 종이필터와 접합면이 1개가 있는 하리오/고노 종이필터가 있다. 멜리타/칼리타 종이필터 접는 방법은 그림 133, 하리오/고노 종이필터를 접는 방법은 그림 134와 같다.

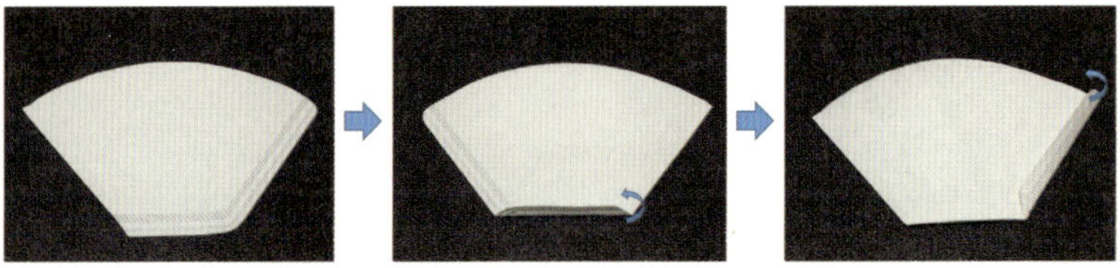

▲ 그림 133. 멜리타/칼리타 종이필터 접는 방법

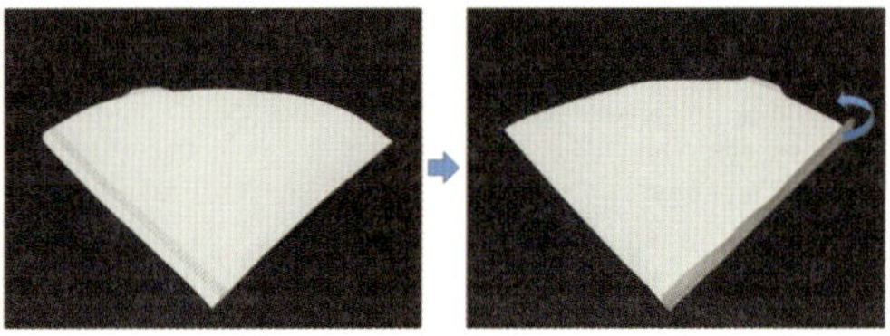

▲ 그림 134. 하리오/고노 종이필터 접는 방법

▲ 그림 135. 융필터

융 필터는 지속적인 사용이 가능하고 커피의 지용성 성분이 추출될 수 있는 섬유구조이기 때문에 부드럽고 감칠맛이 나는 커피를 즐길 수 있다(그림 135). 그러나 융 필터는 미생물이 잘 번식할 수 있기 때문에 사용 후에는 반드시 열탕 소독을 하여 보관해야 한다. 보관 시 깨끗한 물에 넣고 밀봉하여 냉장 보관해야 한다. 가끔 사용하는 경우 열탕 소독 후 완전히 건조하여 보관해야 한다.

금속 필터는 융 필터에 비해 보관이 쉽고 원두의 지용성 성분까지 추출할 수 있다(그림 136). 그러나 미세한 필터 구멍을 통해 미분이 함께 추출될 수 있어 텁텁하고 입안에 잔여물이 남는다는 단점이 있다.

▲ 그림 136. 금속필터

d. 드립서버

커피 추출액을 담는 기구로 대부분 유리 재질을 많이 사용한다. 개인의 입맛이나 커피에서 추구하는 맛을 결정하는데 커피 추출액의 양이 중요한 영향을 미치기 때문에 드립서버를 고를 때에는 눈금이 표시되어 있는 것을 사용하는 것이 바람직하다. 드립서버는 커피 전용 서버나 손잡이가 달리 비커를 사용해도 무관하다.(그림 137)

▲ 그림 137. 드립서버

e. 온도계/스탑워치

추출수의 온도와 추출시간에 따라 용출되는 원두의 성분이 달라지고, 커피의 향미가 달라지기 때문에 드립식 커피 추출 시 꼭 필요한 도구이다.(그림 138)

▲ 그림 138. 온도계/스탑워치

f. 커피스푼/저울

적정량의 원두를 계량하기 위해 커피 추출 시 필요한 도구이다. 드리퍼 제조사에 따라 칼리타사는 10g, 하리오사는 12g의 계량스푼을 생산한다.(그림 139)

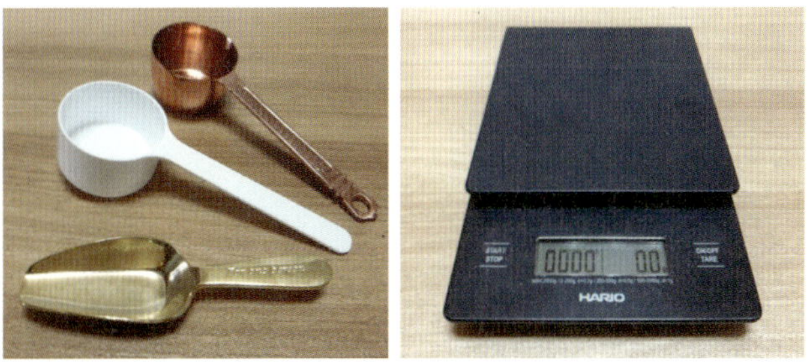

▲ 그림 139. 커피스푼과 저울

g. 모카포트(Moka pot)

모카포트는 1933년에 알폰소 비알레띠라는 인물에 의해 발명된 커피 추출기구이다. 2~3기압의 수증기 압력으로 커피를 추출하기 때문에 가정용 에스프레소 커피 추출기구이다. 모카포트의 구조는 상부와 하부 포트로 나누어져 있고, 원두가루를 담는 바스켓이 있다. 바스켓에 원두가루를 넣고, 하부 포트에 물을 넣고 가열하면 물이 끓을 때 발생하는 증기압이 원두가루를 통과하여 커피 추출액이 발생하는 원리이다. 에스프레소 추출이 가능하지만 에스프레소 머신보다 압력이 낮기 때문에 원두가루의 분쇄도는 에스프레소용보다 굵게 하는 것이 바람직하다.

▲ 그림 127. 모카포트 추출방법 1

하부 포트에 안전밸브보다 낮게 물을 붓는다.(그림 127)

▲ 그림 128. 모카포트 추출방법 2

바스켓에 원두가루를 가득 담고 평평하게 다져준다.(그림128)

▲ 그림 129. 모카포트 추출방법 3

바스켓을 하단 보일러에 장착하고 상부와 하부 포트를 고정한 다음 렌지위에 올린다.(그림129)

▲ 그림 130. 모카포트 추출방법 4

중불로 끓이다가 커피 추출액이 상부로 추출되기 시작하면 불을 끈다. 커피 추출이 끝난 후에도 계속해서 불을 켜두면 과열로 인해 커피 추출액이 넘치거나 주변으로 튈 수 있으므로 주의한다.

추출이 완료된 커피를 잔에 담아 마신다. 기호에 따라 설탕이나 우유를 넣어 마신다.(그림130)

③ 핸드드립 추출 방식

핸드드립 방식은 분쇄한 원두가루를 필터에 넣고, 그 위에 뜨거운 물을 부어 원두의 성분을 용출하는 방식이다. 원두의 분쇄도와 추출시간, 물줄기, 물을 주입하는 방식에 따라 맛의 차이가 크기 때문에 추출하는 사람에 따라 다양한 맛을 낼 수 있는 커피 추출 방법이다.(그림140)

▲ 그림 140. 핸드드립

핸드드립 시 드리퍼의 종류나 사용자의 편의에 따라 물 주입 방식을 달리 할 수 있다. 대표적인 물 주입 방식은 표 38과 같다.

표 38. 핸드드립 물 주입 방식

	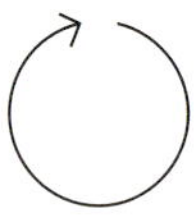		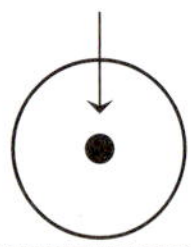
나선형	동전형	∞형	점형

드리퍼의 시초

핸드드립식 추출에서 가장 필수적인 도구인 드리퍼의 시초는 1908년 독일의 멜리타 벤츠(Melitra Bentz) 여사가 최초로 발명한 멜리타 드리퍼이다. 멜리타 드리퍼는 기존에 보편화된 커피 추출 방식인 이브릭을 활용한 터키식 커피와 달리 원두가루를 종이로 걸러 원두 성분을 추출하기 때문에 원두가루가 입안에 남지 않아 깔끔한 맛의 커피 추출이 가능했다. 이 때문에 큰 인기를 얻은 멜리타 드리퍼는 세계 각국으로 보급되었으며, 당시 독일에서 유학하던 일본인에 의해 일본으로 전파되었다. 이후 일본에 칼리타, 하리오, 고노 사가 생기면서 다양한 모양과 크기로 변형된 드리퍼가 발전하였다.

클래식 드리퍼 4종의 특성

* 멜리타

1908년 독일의 멜리타 벤츠여사에 의해 고안되었다. 멜리타 드리퍼는 추출구가 하나로 드리퍼의 경사가 급하고 리브가 중간부터 형성되었으며, 천천히 추출되기 때문에 묵직한 맛을 내는 특성을 지닌다.

* 칼리타

칼리타 드리퍼는 추출구가 세 개로 드리퍼의 경사가 완만하며 리브가 처음부터 끝까지 형성되어 있다. 세 개의 추출구를 통해 추출되어 안정적이며 부드러운 맛을 내는 특성을 지닌다.

* 하리오

하리오 드리퍼는 추출구가 하나이며 원추형이다. 리브가 나선형으로 처음부터 끝까지 형성되어 있으며, 빠른 추출로 인해 부드러운 맛을 내고 향미 추출에 유리한 특성을 지닌다.

* 고노

고노 드리퍼는 추출구가 하나이며, 원추형이다. 리브가 중간에서 시작하며, 점 드립이라는 특유의 드립 방식을 사용하여 바디감이 좋고 진하지만 부드러운 맛을 내는 특성을 지닌다.

a. 하리오

2인분 기준 - 원두량 : 20g, 추출시간 : 1분 30초~2분,
추출량 : 약 125ml
(하리오 V60, 중배전 원두 사용)

▲ 그림 141. 하리오 추출방법 1

드리퍼와 드립서버, 커피 잔에 끓인 물을 부어 예열한다. 드립서버에 떨어진 물은 서브 잔에 버린다.(그림 141)

▲ 그림 142. 하리오 추출방법 2

종이필터를 접착 면을 따라 접고 드리퍼에 밀착한다.(그림 142)

▲ 그림 143. 하리오 추출방법 3

종이필터에 원두가루를 넣고 수평이 되도록 탁탁 쳐준다.(그림 143)

▲ 그림 144. 하리로 추출방법 4

커피가루가 골고루 젖도록 약 92℃의 물을 나선형을 그리며 붓는다. 이때 종이 필터에 물이 닿지 않도록 주의한다.(그림 144)

▲ 그림 145. 하리오 추출방법 5

약 30초간 원두를 뜸들이고 이산화탄소가 빠져나가도록 기다린 후 아로마 돔이 가라앉기 시작하면 나선형으로 커피 추출을 시작한다. 이때 드리퍼에 담겨있는 원두가루의 수위가 올라가지 않고, 종이 필터에 물이 닿지 않도록 유의한다.(그림 145)

▲ 그림 146. 하리오 추출방법 6

커피 추출량이 125ml가 되면 즉시 드리퍼를 드립서버에서 분리한다. 물을 1:1로 희석하여 총 250ml를 만든다. 커피 추출액과 물이 잘 섞이도록 스푼으로 저어준다. 취향에 따라 물 희석량을 조절한다.(그림 146)

b. 클레버

클레버는 타이완의 ABID(Absolutely Best Idea Development)사가 개발한 커피 추출기구이다. 클레버는 물에 우려내는 침지식과 물을 통과하여 추출하는 여과식을 혼합한 방식이다. 침지 후 여과하는 방식이다.

2인분 기준 - 원두량 : 20g, 추출 시간 : 2분 30초
(미스터 클레버, 중배전 원두 사용)

▲ 그림 147. 클레버 추출방법 1

클레버와 드립서버, 커피 잔에 끓인 물을 부어 예열한다. (그림 147)

▲ 그림 148. 클레버 추출방법 2

종이필터를 접착 면을 따라 접고 클레버에 밀착한다.(그림 148)

▲ 그림 149. 클레버 추출방법 3

종이필터에 원두가루를 넣고 수평이 되도록 탁탁 쳐준다.(그림 149)

▲ 그림 150. 클레버 추출방법 4

약 92℃의 물을 클레버의 리브(250ml)까지 붓는다. (그림 150)

▲ 그림 151. 클레버 추출방법 5

1분 후 스푼으로 원두가루와 물을 교반한다. 이때 종이필터가 찢어지지 않도록 주의한다.(그림 151)

▲ 그림 152. 클레버 추출방법 6

1분 30초 후 클레버를 드립서버에 올려 추출을 시작한다.(그림 152)

▲ 그림 153. 클레버 추출방법 7

추출 후 2분 30초가 되면 클레버를 분리한다. 취향에 따라 물을 희석하고 커피 추출액과 물이 잘 섞이도록 스푼으로 저어준다. (그림 153)

c. 케멕스

케멕스는 1941년 피터 슐룸봄(Peter Selumbohm) 박사가 발명한 커피추출기구이다. 케멕스는 모래시계 모양으로 드리퍼와 드립서버가 일체형인 추출기구이다. 상부는 드리퍼이고, 하부는 드립서버이다.

2인분 기준 - 원두량 : 20g, 추출시간 : 1분 30초~2분,
추출량 : 약 125ml
(케멕스, 중배전 원두 사용)

▲ 그림 154. 케멕스 추출방법 1

일체형인 드리퍼와 드립서버, 커피 잔에 끓인 물을 부어 예열한다. 드립서버에 떨어진 물은 헹궈서 서브 잔에 버린다.(그림 154)

▲ 그림 155. 케멕스 추출방법 2

케멕스 전용 종이필터를 접착 면을 따라 접고 드리퍼에 밀착한다.(그림 155)

▲ 그림 156. 케멕스 추출방법 3

종이필터에 원두가루를 넣고 수평이 되도록 탁탁 쳐준다.(그림 156)

▲ 그림 157. 케멕스 추출방법 4

커피가루가 골고루 젖도록 약 92℃의 물을 나선형 을 그리며 붓는다. 이때 종이 필터에 물이 닿지 않도록 주의한다.(그림 157)

▲ 그림 158. 케멕스 추출방법 5

약 30초간 원두를 뜸들이고 아로마 돔이 가라앉기 시작하면 나선형으로 커피 추출을 시작한다. 이때 드리퍼에 담겨있는 원두가루의 수위가 올라가지 않고, 종이필터에 물이 닿지 않도록 유의한다.(그림 158)

▲ 그림 159. 케멕스 추출방법 6

커피 추출량이 125ml가 되면 종이필터를 드립서버에서 분리한다. 물을 1:1로 희석하여 총 250ml를 만든다. 커피 추출액과 물이 잘 섞이도록 스푼으로 저어준다. 취향에 따라 물 희석량을 조절한다.(그림 159)

d. 에어로프레스

에어로프레스는 2005년 에어로비(Aerobie)사의 창업자인 앨런 애들러(Alan Adler)가 발명한 추출기구이다. 플라스틱 재질이며 야외 활동시 많이 사용하는 추출기구이다. 약간의 압력으로 추출하기 때문에 미약하지만 야외용 에스프레소 추출이 가능하다. 순방향과 역방향으로 양방향 추출이 가능하다.

2인분 기준 - 원두량 : 20g, 추출시간 : 1분 30초~2분,
추출량 : 약 200ml
(에어로프레스, 중배전 원두 사용)

▲ 그림 160. 에어로프레스 추출방법 1

필터캡에 전용 종이필터를 넣고 린싱을 한다.(린싱은 선택 사항) (그림 160)

▲ 그림 161. 에어로프레스 추출방법 2

플랜저를 뒤집고 체임버를 거꾸로 끼운다. 체임버에 원두가루 20g을 넣는다.(그림 161)

▲ 그림 162. 에어로프레스 추출방법 3

초시계를 켜고 약 92℃의 물을 300ml 넣고, 원두 가루가 골고루 젖도록 체임버에 표시된 숫자 1까지 붓는다.(그림 162)

▲ 그림 163. 에어로프레스 추출방법 4

스틱으로 원을 3바퀴 저은 후, 체임버에 필터캡을 결합한 후 체임버를 누르면서 공기를 뺀다. 1분간 우린다.(그림 163)

▲ 그림 164. 에어로프레스 추출방법 5

필터캡 위에 거꾸로 뒤집은 잔을 얹고, 에어로프레스 본체를 뒤집어서 플렌저를 30초간 천천히 누른다.(그림 164)

: 3. 우유 스티밍 :

우유 스티밍(Milk Steaming)은 우유의 온도를 높이고, 우유 거품을 만들어내는 작업이다. 스티밍은 커피 머신의 보일러에서 생성된 수증기의 대류를 활용하는 방법으로, 1.0~1.5bar의 스팀 압력으로 분사한 수증기의 열을 우유에 옮겨 데우는 원리이다. 우유는 커피 메뉴에 많이 사용되는 첨가물이기 때문에 맛있는 커피 음료를 만들기 위해서는 우유의 선택과 스티밍 과정이 매우 중요하다.

1) 우유의 성분

우유를 구성하는 성분 중 가장 많은 성분은 수분으로 87~88%이며, 고형성분은 12~13%이다. 고형성분 중 지질은 3~4%이며, 지방을 제거한 탈지고형분(MSNF)은 8.5~9%이다. 탈지고형분은 단백질 3~4%, 탄수화물 4~5%, 기타 무기질 1%로 구성된다. 이 중 우유 스티밍에서 거품을 생성하는데 많이 관여하는 성분은 단백질과 지질이다.

(1) 지질

우유 속에 포함된 지방은 3~4%로, 우유의 풍미나 입안에서 느껴지는 질감에 영향을 미친다. 대체로 유지방이 많은 고지방 우유일수록 맛이 풍부하고 진하며 부드러운 질감을 준다. 우유 스티밍을 할 때에는 유지방 함량이 0.5% 이하인 탈지우유나 1%대인 저지방우유보다 일반우유가 적합하다.

(2) 단백질

우유의 주된 단백질은 카세인(casein)이 약 80%를 차지하고 있다. 그 외 유청 단백질(whey protein)인 베타 락토글로불린과 알파 락트알부민 등으로 구성되어 있다. 유청 단백질은 약 65℃ 이상 올라가면 열에 응고되어 얇은 막을 형성하고 냄비 바닥에 침전물이 생기게 한다.

(3) 탄수화물

우유에는 4~5%의 탄수화물이 함유되어 있는데, 그 중 유당이 99%를 차지한다. 유당은 장 내에서 젖산을 형성하여 칼슘의 흡수를 돕고 병원균으로부터의 감염 위험을 낮춰준다. 그러나 체내에 유당분해효소인 락테이즈(lactase)가 부족한 사람에게는 가스를 생성하고 설사를 유발하는 유당불내증이 생기기도 한다.

2) 우유의 가열

우유를 가열하면 유청 단백질의 응고, 피막형성, 향미 등의 변화가 발생한다.

(1) 유청 단백질의 응고

우유를 가열하여 약 65℃ 정도가 되면, 유청 단백질인 알파 락트알부민, 베타 락토글로불린이 열에 의해 변성되어 응고하기 시작한다.

(2) 피막 형성

우유는 열을 가하여 약 40℃ 부근이 되면 얇은 막이 형성된다. 이 막은 온도 증가로 표면장력이 감소하여 열에 응고된 유청 단백질과 상층에 모인 지방, 소량의 유당과 무기질이 눌러 붙은 것이다. 피막의 주 성분은 지방이 70%이상, 유청 단백질이 20~25%를 차지한다.

(3) 향미 변화

우유를 75℃ 이상 가열하면 열에 의해 유청 단백질인 베타 락토글로불린이 변성되어 휘발성 황화수소가 생성된다. 이 성분은 우유의 가열취(cooked flavor)의 원인이 된다.

3) 우유 스티밍 작업

(1) 스팀피처

스팀피처는 우유 스티밍 시 필요한 도구로 우유를 담는 잔이다. 스테인리스 재질로 되어있고 용량에 따라 300ml(1인분), 600ml(2인분), 1000ml(3인분)등 다양한 크기가 있다.(그림 165)

▲ 그림 165. 스팀피처(왼쪽부터 300ml, 600ml, 1000ml)

(2) 스팀노즐

스팀노즐은 보통 동서남북 방향으로 4개이다. 다만 제조사에 따라 구멍의 크기와 간격이 조금씩 다르다. 스티밍 작업 후에는 위생상 문제가 없도록 스팀노즐을 즉시 청결히 닦아야 한다.(그림 166)

▲ 그림 166. 여러 형태의 스팀노즐과 노즐 청소하기

(3) 우유 스티밍 하기

▲ 그림 167. 우유 담기

① 우유 담기

600ml 크기의 스팀피처에 움푹 들어간 부분의 바로 아래까지 우유를 붓는다.(2인분 기준) 스팀피처를 들고 우유를 부으면 흔들리기 쉬워 우유의 양을 가늠하기 어려우므로 작업 테이블에 내려놓고 붓는다.(그림 167)

▲ 그림 168. 예비 스팀

② 예비스팀하기

스팀 파이프 안에는 에스프레소 머신의 온도와 상온의 차이 때문에 수증기가 물로 변하는 현상이 일어난다. 따라서 스티밍 작업 전 스팀노즐에 고여 있는 물을 배출해야 한다. 젖은 행주를 넓게 펴고 스팀파이프를 감싼 후 스팀레버를 2~3초간 열어준다.(그림 168)

▲ 그림 169. 우유 거품 만들기 1

③ 우유 거품 만들기

왼손으로 스팀피처의 손잡이를 잡고 우유가 든 스팀피처를 스팀노즐 끝에서 1cm정도 담근 상태에서 스팀파이프와 스팀피처의 벽이 수평이 되도록 유지한다. (그림 169)

▲ 그림 170. 우유 거품 만들기 2

우유 거품을 형성하는 단계로 스팀 분출로 우유 표면에 공기를 주입시키는 과정이다. 스팀레버를 돌리고 남은 한 손으로 스팀피처를 잡은 후 '칙칙' 소리가 나도록 2~3회에 걸쳐서 스팀피처를 미세하게 내린다. 이때 우유의 온도는 40℃를 넘지 않도록 주의하며, 스팀피처 용량의 70%가 될 때까지 공기를 주입한다.(그림 170)

▲ 그림 171. 우유 거품 만들기 3

우유 거품을 안정화하는 단계로 스팀으로 생성된 거품과 우유를 혼합하는 과정이다. 이 구간이 길수록 곱고 부드러운 거품을 낼 수 있다. 더 이상 공기가 주입되지 않도록 스팀피처를 올리거나 내리지 않고 그대로 유지한다. 안정화 단계 시 회오리치는 모양이 보여야 잘 혼합되고 있는 것인데, 이 모양이 보이지 않을 경우 스팀피처를 왼쪽이나 오른쪽으로 이동한다. 안정화하는 동안 스팀피처를 잡은 손으로 계속해서 온도체크를 하는데, 더 이상 잡지 못할 정도로 뜨거울 때 손을 떼고 3초를 센 후 스팀레버를 잠근다. 이때 우유의 온도는 약 65~70℃ 정도이다.(그림 171)

▲ 그림 172. 스팀노즐 관리

④ 스팀노즐 관리하기
스티밍 직후에는 스팀노즐 안으로 우유가 소량 빨려 들어가게 된다. 이때 들어간 우유는 위생상 문제를 일으킬 수 있고, 스팀노즐의 구멍을 막을 수 있다. 또한 스팀노즐 표면에 묻은 우유는 금방 굳어서 방치하게 되면 스팀노즐이 녹슬 수 있다. 따라서 스티밍 종료 후에는 즉시 스팀을 분사하여 고인 우유를 제거한 후 스팀노즐 표면에 묻은 우유를 젖은 행주로 닦아야 한다.(그림 172)

4) 우유 스티밍 작업 시 주의사항

(1) 스티밍 작업 전

① 스팀피처를 스팀노즐에 담그지 않은 경우

우유가 심하게 튀면서 공기가 주입되지 않는다.

② 스팀피처를 스팀노즐에 너무 깊게 담근 경우

스팀노즐의 구멍이 우유 속에 잠겨 공기가 주입되지 않는다.

③ 스팀파이프에 스팀피처의 벽면이 닿을 경우

'쐬~'하면서 스팀피처의 벽면을 치는 심한 소음이 난다.

④ 스팀파이프가 스팀피처의 한 가운데로 오는 경우

안정화 단계 시 회오리 모양이 나타나지 않아 거품과 우유가 잘 혼합되지 않는다.

(2) 스티밍 작업 중

① 스팀피처를 내리는 속도가 빠른 경우

공기의 유입량이 지나치게 많고, 우유표면이 심하게 튀면서 거친 거품이 생성된다.

② 스팀피처를 내리는 속도가 느린 경우

스팀노즐 구멍이 우유에 잠겨 공기가 제대로 유입되지 않아 지나친 소음이 발생하며, 거품이 적게 형성된다.

⁝ 4. 커피 음료의 종류 ⁝

1) 에스프레소를 이용한 음료

(1) 에스프레소(Espresso)

▲ 그림 173. 에스프레소

카페 메뉴판에 첫 줄에 적혀있는 메뉴인 에스프레소는 커피 추출액의 명칭이다. 에스프레소는 이탈리아어로 "Express(빠르다)" 라는 뜻을 가지고 있다. 에스프레소는 25초에서 30초 사이에 추출한 커피 추출액이다. 추출량은 보통 1초에 1ml씩 계산하여 25ml에서 30ml를 추출한다.(그림 173)

(2) 리스트레토(Ristretto)

▲ 그림 174. 리스트레토

리스트레토는 "Restrict(제한하다, 한정하다)"이라는 뜻을 가진 커피 추출액이다. 에스프레소보다 10초 정도 추출을 짧게 하여 커피가 가진 성분을 제한하여 추출한다. 추출시간은 15초에서 20초 사이이며, 추출량은 15ml에서 20ml를 추출한다. 리스트레토는 추출 시간이 짧은 만큼 수용성 성분인 유기산이 많이 추출되어 신맛을 내는 특징을 가지고 있다.(그림 174)

(3) 룽고(Lungo)

▲ 그림 175. 룽고

룽고는 "Long(길다)"라는 뜻을 가지고 있다. 에스프레소보다 10초 정도 길게 추출하여 리스트레토나 에스프레소보다 맛이 연하고 밋밋하다. 또한 추출시간이 길다보니 쓴맛을 내는 고분자 물질인 트리고넬린 성분 등이 추출되어 쓴맛을 낸다. 룽고의 추출시간은 35초에서 40초 정도이고, 추출량은 35ml에서 40ml이다.(그림 175)

(4) 도피오(Doppio)

▲ 그림 176. 도피오

도피오는 "Double(두 배)"를 의미한다. 보통 카페 매장에서는 도피오라는 용어 대신에 '2 shot'이라고 표현하기도 한다. 경우에 따라서는 고객의 기호에 맞추어 3 shot이나 그 이상을 제공하기도 한다.(그림 176)

(5) 마끼아또(Macchiato)

▲ 그림 177. 마끼아또

마끼아또는 "얼룩진, 점찍다" 라는 뜻을 가지고 있다. 전통적인 마끼아또는 두 가지 방식으로 만들 수 있다. 먼저 커피 추출액에 스티밍한 우유를 부어 흰 거품을 찍는 '카페 마끼아또(Cafe Macchiato)'가 있다. 또 하나는 우유 거품에 커피 추출액을 부어 갈색 거품을 찍는 '라떼 마끼아또(Latte Macchiato)'이다. 마끼아또 음료가 우리나라에 들어와서는 단맛을 선호하는 고객의 기호에 맞추어 커피 추출액과 스티밍한 우유에 생크림을 잔뜩 올리고 그 위에 캐러멜 시럽을 뿌리는 "캐러멜 마끼아또(Caramel Macchiato)"라는 음료로 변형되어 발전하였다.(그림 177)

(6) 콘 파냐(Con Panna)

▲ 그림178. 콘 파냐

콘 파냐는 "Con(~을 넣은) Panna(생크림)"이라는 뜻이다. 커피 본연의 맛을 즐기기 위해 커피 추출액을 원액 그대로 마시는 경우도 있으나, 간혹 부드럽고 달콤한 커피를 원하는 고객들이 찾는 메뉴이다. 커피 추출액 위에 생크림을 올리는 메뉴이다. (그림 178)

(7) 아메리카노(Americano)

아메리카노는 이탈리아어로 "미국인들"이라는 뜻이다. 미국인들이 마시는 음료라고 하여 붙여진 이름이라는 설이 있다.

대부분의 유럽 국가들에서는 커피 추출액을 '데미타세(Demi(반)tasse(잔))'라는 잔에 담아 즐기는 문화로 발전시켰다.

반면에 연한 커피를 선호하던 미국인들은 커피 추출액에 물을 희석하여 언제든 편하게 마실 수 있는 아메리카노를 선호하였다고 한다. 우리나라 카페에서는 커피를 즐기는 사람이라면 가장 먼저 선택하는 메뉴 중 하나이다.(그림 179)

▲ 그림 179. 아메리카노

카페 매장에서는 고객의 기호에 따라 shot의 추가 혹은 물의 희석량을 결정할 수 있으며, 리스트레토, 에스프레소, 룽고 등 다양한 형태로 추출할 수 있다.

(8) 카푸치노(Cappuccino)

카푸치노는 이탈리아에 있는 프란체스코회 카푸친 수도회의 수도사들에 의해 유래된 이름이다. 수도사들은 청빈의 의미로 모자가 달린 망토의 형태를 한 수도복을 입었다고 한다.

▲ 그림 180. 카푸치노

카푸치노의 모양인 "갈색 크레마에 덮인 원 모양의 흰 우유 거품"이 모자를 쓴 카푸친 수도회의 수도사들의 모습과 닮았다고 하여 붙인 이름이다.(그림 180)

카푸치노의 핵심은 풍성한 거품이다. 그리하여 카푸치노를 만들기 위해 우유 스티밍을 할 경우 공기주입을 충분히 하여 거품을 풍성하게 내어야 한다.

(9) 카페라떼(Caffe Latte)

카페라떼는 "Caffe(커피) Latte(우유)"라는 뜻이다. 커피 추출액에 65℃에서 70℃ 사이로 데운 우유를 섞는 메뉴이다.(그림181)

카페라떼를 만들기 위해 우유를 스티밍할 때에는 거품을 거의 내지 않는 것이 핵심이다.

▲ 그림 181. 카페라떼

때때로 카페 매장의 바리스타들은 고객이 카페라떼를 주문하면 손목의 움직임과 우유의 흐름을 활용하여 크레마 위에 흰 우유 거품으로 여러 가지 그림을 그리는 '라떼 아트(Latte(우유) Art(예술))'를 해주기도 한다.

호주에서는 비슷한 메뉴로 '플랫 화이트(Flat white)' 라는 메뉴가 있다. 플랫 화이트는 'Flat(평평한) white(우유)' 라는 뜻이다.

이 메뉴는 호주식 카페라떼라고 불리는데, 카페라떼 잔보다 약간 작은 카푸치노 잔에 미세하게 거품을 낸 우유를 섞어서 제공하는 음료이다. 거품이 거의 없는 카페라떼보다 음료의 질감이 부드럽고 커피 추출액의 맛이 조금 더 진하게 느껴지는 차이점이 있다.

플랫 화이트는 한 바리스타의 실수로 탄생한 음료라는 설이 있다. 한 바리스타가 카푸치노를 주문 받았는데 실수로 우유 거품을 내지 못하여 카페라떼처럼 만들어졌다. 새로 카푸치노를 만들어 고객에게 가져다 드리고 돌아와서는 남은 커피를 버리기가 아까워 마셔 보았는데, 기존의 카페라떼보다 커피의 맛이 진하게 나는 것이 좋았다고 한다.

(10) 카페모카(Cafe Mocha)

▲ 그림 182. 카페모카

카페모카는 "Cafe(커피) mocha(초콜릿)"을 붙여서 만든 이름이다.(그림 182)

초콜릿의 향미를 가지고 있는 세계 3대 명품 커피 '예멘 모카' 커피의 향미를 비슷하게 만들기 위해 인위적으로 초코 시럽이나 파우더를 커피와 섞어서 만든 메뉴이다.

기본 방법으로는 커피 추출액에 초코 시럽이나 파우더를 녹이고, 우유를 섞는다. 카페 매장에서는 고객의 기호에 따라 기본 카페 모카에 휘핑크림을 올리고 토핑용 초코시럽을 뿌려 더 달콤하게 만들기도 한다.

(11) 캐러멜 마끼아또(Caramel Macchiato)

▲ 그림 183. 캐러멜 마끼아또

캐러멜 마끼아또는 커피 추출액에 캐러멜 시럽이나 파우더를 녹이고 우유를 섞는 메뉴이다.(그림 183)

원래 마끼아또의 뜻은 '얼룩진, 점찍다'라는 뜻이지만 우리나라로 넘어오면서 기본 메뉴에 달콤한 휘핑크림을 올리고 토핑용 캐러멜 시럽으로 데코레이션한 음료로 변형되었다.

(12) 아포카토(Affogato)

▲ 그림 184. 아포카토

아포카토는 이탈리아어로 "끼얹다, 빠지다, 익사하다"라는 뜻을 가지고 있다.

이탈리아의 대표적인 디저트로 아이스크림에 커피 추출액을 부어서 마시는 음료이다. 카페 매장에서는 아이스크림이 녹지 않도록 아이스크림과 커피 추출액을 따로 제공한다. 이탈리아에서는 정통 아이스크림인 젤라또(Gelato)에 커피를 얹어서 먹는 관계로 젤라또 아포카토라고 부르기도 한다.(그림 184) 기호에 따라 아포카토 위에 견과류나 초콜릿시럽 등을 첨가하여 즐기기도 한다.

(13) 샤케라토(Shakerato)

샤케라토는 영어로 "shake(흔들다)"라는 뜻을 가지고 있다.

'사케'라는 이름이 붙어서 흔히 일본인들이 즐겨 마시는 술인 사케가 들어

▲ 그림 185. 사케라토

가는 메뉴인지 궁금해 하는 경우가 많은데 술이 첨가되는 음료는 아니다.

셰이커(Shaker)에 커피 추출액과 얼음을 넣고 흔들어 만드는 메뉴이다.(그림 185)

커피 추출액의 온도와 셰이커를 흔들 때의 마찰로 인해 얼음 조각이 잘게 부서지면서 커피 추출액과 얼음 조각이 섞인다.

더운 여름날 커피를 즐기고자 하는 고객들이 많이 찾는 메뉴이며, 달지 않은 커피 슬러시(Slushie)의 느낌을 준다.

(14) 프라푸치노(Frappuccino)

▲ 그림 186. 프라푸치노

프라푸치노는 이탈리아어로 "프라페와 카푸치노"를 섞어서 만든 신 용어이다. 스타벅스에서 만든 메뉴 이름으로 등록되어 있다. 프라페(Frappe)는 '얼음으로 차게 식히다.'라는 뜻을 가지고 있다. 다시 말해 '차가운 카푸치노'라고 말할 수 있다.

프라푸치노는 커피 추출액에 우유와 얼음을 넣고 믹서기로 곱게 갈아 슬러시 형태로 만드는 아이스 메뉴이다. 기호에 따라서 녹차 파우더나, 초코 파우더 등을 첨가하여 달콤한 음료로 만들기도 하고 추가로 휘핑크림을 올리기도 한다.(그림 186)

(12) 아이리시 커피(Irish Coffee)

아이리시 커피는 커피에 위스키를 섞어서 만드는 음료이다. 아이리시라는 이름은 재료로 활용되는 '아일랜드산 아이리시 위스키'에서 유래됐다. 커피에 위스키가 들어간 음료로 몸을 따뜻하게 데워주는 효과가 있다.

아이리시 커피의 시작은 아일랜드의 한 공항에서 기착으로 인해 추위에 떨고 있는 고객들에게 서비스 차원에서 커피에 위스키를 섞어 제공하였던 것이 그 유래가 되었다. 아이리시 커피는 잔에 커피 추출액과 물, 위스키를 넣고 기호에 따라 설탕을 넣어 젓는다. 그 위에 생크림을 올려 제공하는 음료이다. 매장에 따라서는 잔의 테두리에 레몬즙과 황설탕을 묻혀서 달콤함을 함께 느낄 수 있도록 제공하기도 한다.(그림 187)

▲ 그림 187. 아이리시 커피

2) 그 외 커피 음료

(1) 카페오레(Cafe au Lait)

카페오레는 "Cafe(커피) au(~을 넣은) Lait(우유)"라는 뜻이다.

카페오레는 프랑스의 한 의사가 아침부터 강배전한 커피를 마시는 것이 습관화 된 프랑스인들이 속이 쓰릴 수 있기 때문에 물 대신 데운 우유를 넣은 '카페오레'를 마시도록 권장했다는 것에서 유래되었다고 한다.

▲ 그림 188. 카페오레

카페오레는 이탈리아의 '카페라떼'와 비슷한 음료이지만, 핸드드립 커피를 활용하여 만든다는 점과, 우유 거품을 내지 않은 데운 우유를 첨가한다는 점에서 약간의 차이가 있다.(그림 188)

(2) 아인슈페너(Einspanner)

▲ 그림 189. 아인슈페너

아인슈페너는 오스트리아에서 탄생한 음료이다. 오스트리아어로 "한마리 말이 끄는 마차"라는 뜻을 가지고 있다.

아인슈페너는 흔히 비엔나커피로 알려져 있지만, 실제로 오스트리아의 비엔나에는 비엔나커피라는 명칭이 없다.

아인슈페너는 드립커피 위에 생크림을 첨가하는 음료이다.(그림 189)

아인슈페너는 마부들이 카페에서 커피를 마실 시간이 없자 커피를 들고 나와서 한손에는 커피를 들고 한손에는 말의 고삐를 잡으며 마차 위에서 커피를 마신 것에서 유래되었다.

이때 마부들은 커피에 생크림을 얹어서 마시곤 하였는데, 생크림이 커피를 뒤덮고 있었기 때문에 커피가 빨리 식는 것을 막아주는 역할을 하였다고 한다.

다른 역할로 생크림은 지방성분을 함유하고 있어서 식사를 제 때에 하지 못하는 마부들에게 든든한 요기가 되었다고 한다.

아인슈페너는 커피 추출액에 생크림을 올리는 음료라는 점에서 카페 콘파냐와 비슷하지만, 핸드드립 커피를 활용한 음료라는 점에서 차이가 있다.

일부 카페 매장에서는 매장의 상황에 따라 핸드드립 커피 대신 에스프레소 머신을 활용한 커피 추출액에 물을 희석하여 생크림을 올려주는 경우도 있다.

Chapter 04

커피와 건강

⁝ 1. 건강기능성 성분 ⁝

커피에는 항산화성분인 폴리페놀이 풍부하여 항암효과와 당뇨병의 위험성을 낮추고, 일반적인 만성질환의 위험률을 낮추어 준다. 폴리페놀 성분 중 클로로겐산은 항산화 작용과 함께 암세포 성장을 억제 하는 효과가 있다. 또한 비타민C 보다 강력한 항산화 작용을 나타내어 산화적 손상에 의한 신체 노화현상과 뇌질환을 줄여주는 역할을 한다.

하루에 커피 한두 잔을 마시게 되면 파킨슨병과 간경화 발생 위험률을 낮출 수 있고, 당뇨병 예방에도 효과가 있다는 연구들이 보고되어 있다.

1) 카페인

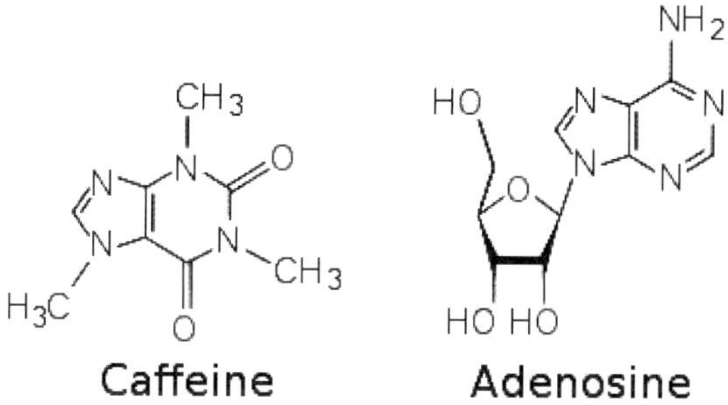

▲ 그림 190. 카페인과 아데노신

카페인은 중추 신경을 자극하는 효과가 있다. 졸음을 잠시 없애주기도 하며, 인체에 긴장감을 주어 각성 효과와 함께 집중력 향상을 나타낸다.

카페인은 적당히 섭취하면 혈액순환과 피로회복 활성화, 집중력과 민첩성 등에 대한 도움이 된다. 또한 이외에도 이뇨작용을 촉진하여 노폐물을 인체 밖으로 배출시키는 역할과 함께 심장의 활동을 활발하게 하여 심장을 튼튼하게 하기도 한다.

우리 몸은 피로감을 느끼면 인체 내에서 아데노신(adenosine)을 생성한다. 아데노신이 뇌의 아데노신 수용체(adenosine acceptor)에 결합하게 되면 신경세포의 활동을 둔화시켜 졸음을 유발하여 휴식을 취할 수 있는 시간을 만들어 주게 된다. 카페인이 각성효과를 나타내는 것은 카페인의 분자구조가 아데노신 분자구조와 유사하기 때문이다.(그림190) 아데노신 수용체에 구조식이 비슷한 카페인이 결합하여 아데노신이 결합한 것과 같은 작용을 나타내기 때문에 졸음이 오지 않게 된다.

커피는 하루중 언제 마시는 것이 좋을까?

기상 1~2시간 이후와, 오후 1시 30분부터 5시 정도가 커피를 마시기에 가장 적절하다. 잠을 깨기 위해 기상 직 후 커피를 마시면, 아침에 많이 분비되는 코르티솔과 함께 과도한 각성 작용이 일어나 두통을 유발할 수 있기 때문이다.

카페인은 신경전달물질 중 하나인 도파민(dopamine)의 분비를 늘리는데 도움이 된다. 도파민은 신경전달물질로 적절히 분비되면 기분이 좋아지고, 감소하면 우울, 의욕상실 등의 증상이 나타나고 파킨슨병이 발생될 수 있다.

또한, 카페인은 알코올 분해효과를 나타내 숙취 해소에 도움이 되고, 지방 성분을 분해를 촉진하여 다이어트에도 효과를 나타낸다.

그러나 카페인을 과도하게 섭취하면, 불면증, 위산과다, 가슴 두근거림 등의 부작용이 나타난다. 특히 불면증, 불안장애, 심장병(부정맥), 위염, 위궤양, 과민성 방광의 증세가 있는 사람은 피해야 한다.

카페인에 대한 민감도는 개인에 따라 다르지만, 카페인 섭취량이 어린이 100㎎, 청소년 200㎎, 어른 300㎎ 이상인 경우 부작용이나 중독증이 생길 수 있다.

또 카페인은 이뇨작용으로 인해 인체 내에 칼슘과 철분이 흡수되는 것을 방해한다. 임산부의 경우 카페인 섭취량이 하루 300㎎ 이상이면 자궁의 혈류량이 줄어 저체중아 출산위험이 증가될 수 있고, 조산의 위험도 높아질 수 있나. 또한, 칼슘이 부족하거나 골다공증에 염려가 있는 사람도 카페인을 삼가는 것이 좋다.

▌표 39. 국내·외 카페인 1일 최대섭취권고량

구분	한국	캐나다	유럽연합	호주
1일 최대 섭취 권고량	성인 400mg 이하 임산부 300mg 이하 어린이 2.5mg/kg·bw 이하		성인 400mg 이하 임산부 20mg 이하 어린이 3mg/kg·bw 이하	임산부 300mg 이하

* body weight(체중)　　출처 : 식품의약품안전처

일반적으로 아메리카노에는 약 70~100mg 정도의 카페인이 포함되어 있고, 드립커피에는 약 100~120mg 정도의 카페인이 포함되어 있다. 일반적인 성인의 경우에는 하루에 커피 3잔 정도의 섭취는 인체에 무리 없이 일상적인 생활에 활력을 줄 수 있다. 그러나 과도한 커피음용은 카페인에 민감한 사람에게는 일상생활에 부정적인 영향을 줄 수 있기 때문에 주의해야 한다. 커피 메뉴별 카페인 함량은 표 40, 그림 192와 같다.

음료 중 카페인이 가장 많은 것은 커피다?

아니다! 기능성 카페인 음료를 제외하고, 홍차에 카페인이 가장 많이 함유되어 있다.
홍차(0.06%) > 커피(0.04%) > 녹차, 우롱차(0.02%)의 순이다.

국민 1인당 카페인 섭취량은?

평균 67.8mg으로, 성인의 일일 최대 섭취권고량(400mg)의 17% 수준이다.

출처 : 2013년 식품의약품안전처

연령별 카페인 평균 일일섭취량은?

연령	카페인 일일 섭취량(㎎)	최대 일일 섭취권고량 대비(%)
성인(만 19세 이상)	81.9	20.5
청소년(만 13~18세)	24.2	16.4
초등학생 어린이(만 7~12세)	7.9	8.4
미취학 어린이(만 1~6세)	3.6	8.4

출처 : 2013년 식품의약품안전처

카페인 섭취의 주요 기여 식품은?

성인 : 조제커피(72%) > 커피침출액(15%) > 커피음료(5%)

청소년 : 탄산음료(30%) > 조제커피(18%) > 가공유류(12%)

초등학생 어린이 : 탄산음료(39%) > 가공유류(13%) > 코코아가공품류(12%)

미취학 어린이 : 가공유류(32%) > 탄산음료(24%) > 코코아가공품류(16%)

출처 : 2013년 식품의약품안전처

▌표 40. 커피 메뉴별 카페인 함유량

Beverage/Food	Serving Size	Average Amt. (mg)	Range (mg)
Brewed Coffee	8 ounce	85	65-120
Instant Coffee	8 ounce	75	60-85
Decaf, Brewed	8 ounce	3	2-4
Decaf, Instant	8 ounce	3	1-4
Espresso	2 ounce	80	60-100
Cappuchino/ Latte	8 ounce	80	60-100
Moccachino	2 ounce	90	70-110
Black Tea	8 ounce	40	30-60
Decaf Black Tea	8 ounce	4	<5
Green Tea	8 ounce	40	30-50
Iced Tea Mix, unsweetened	8 ounce	13	
Iced Tea, ready to drink	8 ounce	30	
Cocoa Beverage	5 ounce	5	2-20
Chocolate Milk	8 ounce	5	2-7
Dark Chocolate, semi-sweet	1 ounce	20	5-35

The Craft and Science of Coffee, Folmer, Britta (2017)

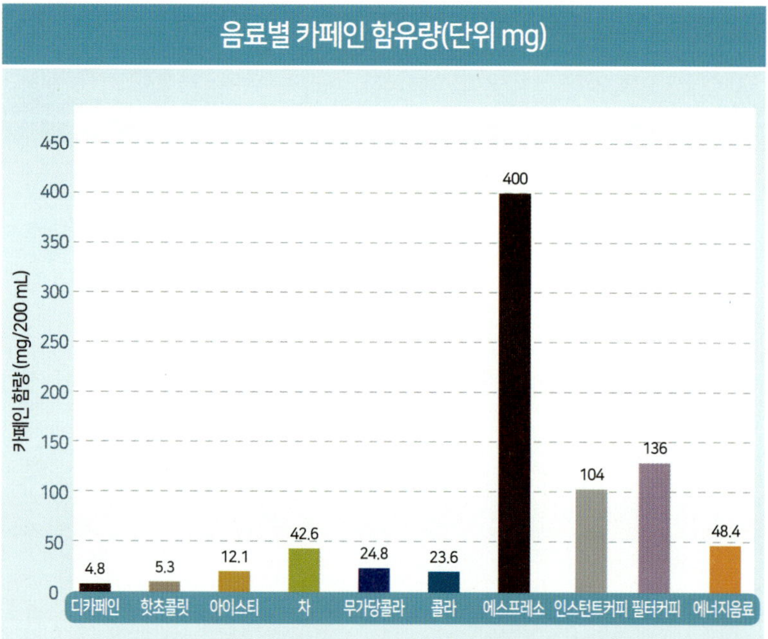

▲ 그림 191. 음료별 카페인 함유량(출처 : 테라로사 도서관 자료 재구성)

2) 클로로겐산

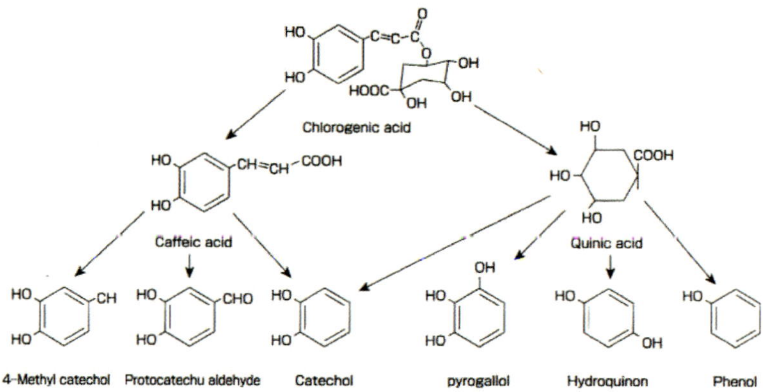

▲ 그림 192. 클로로겐산

클로로겐산은 커피 향미에 큰 영향을 미치는 성분으로, 커피에 가장 많이 함유되어 있는 폴리페놀 화합물의 일종이다. (그림 192)

폴리페놀의 종류는 매우 다양한데 와인에는 안토시아닌(Anthocyanin), 녹차에는 카테킨(Catechin)이 함유되어 있다.

커피에 함유된 총 폴리페놀 함량은 200mg/100mL로 녹차(115mg/100mL)에 비해 높다.

폴리페놀은 몸속의 활성산소를 제거해주는 항산화작용을 한다. 커피 한 잔이 활성산소를 제거하는 항산화 능력은 비타민C 300~590mg에 해당한다.

호흡을 통해 몸속에 들어간 산소는 ATP와 같은 생체 에너지를 만들면서 활성산소를 방출하여 세포를 손상시킨다. 항산화물질은 활성산소를 제거하는 능력을 가지고 있으며, 대표적으로 폴리페놀, 비타민C, 비타민E 등이다. 항산화물질은 채소와 과일에도 풍부하게 함유되어 있지만 몸에 흡수되는데 시간이 걸린다. 그러나 커피 속의 항산화물질은 몸에 빠르게 흡수된다.

폴리페놀은 항산화작용 외에도 인체 내에서 콜레스테롤 생합성 억제와 항염증 효과를 나타내며, 과산화지질의 생성도 억제한다. 그 외 심장질환을 감소시키고, 지방간과 대장암을 억제하며, 당뇨병에도 도움이 된다.

아라비카 커피는 클로로겐산과 같은 항산화물질을 약 7% 함유하고 있고, 카네포라(로부스타) 커피는 약 10% 정도 함유하고 있다.

로잔느 산토스 박사는 "An Unashamed Defense of Coffee"에서 차와 커피 모두 항산화물질이 풍부하지만 커피의 항산화물질이 차보다 4배 이상 효과가 좋다고 밝히고 있다.

커피의 항산화물질인 클로로겐산은 로스팅을 하는 경우 일부는 락톤으로 변하는데 이 락톤은 우울증세를 완화시켜 효과가 있다.

3) 멜라노이딘

멜라노이딘은 아미노산과 당류과 반응하는 메일라드 반응에서 최종적으로 생성되는 물질로서, 커피생두의 로스팅 공정에서는 생두의 성분인 당과 아미노산이 열에 의해 생성된다.

멜라노이딘은 여러 생리활성 효과로 건강에 도움을 준다고 알려져 있는데, 멜라노이딘을 장기간 투여할 경우 혈청 중성지질 및 콜레스테롤의 감소 효과가 있다는 동물실험 결과가 발표되었다. 또한 충치 유발균인 S.mutans의 당전이효소 활성 저해로 인한 충치 예방 효과와 간의 해독효소의 활성을 증가시킨다는 연구결과도 발표되었다.

또한 발암물질인 니트로사민(nitrosoamine)의 형성 억제, 암의 개시와 촉진 단계에 관련된 활성 산소의 소거와 발암물질의 화학구조 변경 등 항암 효과가 밝혀졌고, 2017년 발표된 서던 캘리포니아 대학교 노리스 종합 암 센터의 연구진이 발표한 "Coffee Consumption and the Risk of Colorectal Cancer" 논문에 따르면 커피는 대장 건강에 긍정적인 영향을 줄 수 있는 성분을 다량 함유하고 있고, 특히 멜라노이딘은 결장의 운동을 촉진 할 수 있다는 내용을 발표하였다.

4) 트리고넬린

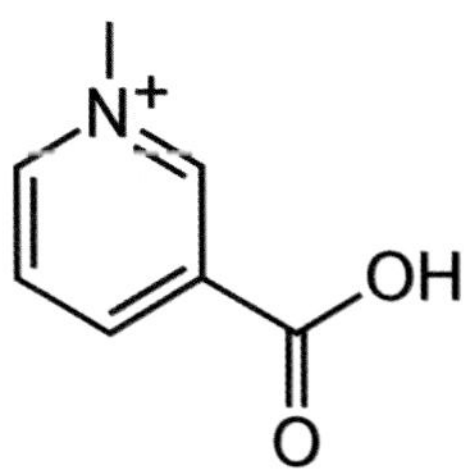

▲ 그림 193. 트리고넬린 구조식

트리고넬린은 커피의 맛과 향에 큰 영향을 끼치는 요소로 쓴맛을 내는 성분이기도 하지만 인체에 굉장히 유익한 성분이다.(그림193)

트리고넬린은 로스팅을 과정에서 니코틴산과 니아신을 만들어내는데 보통 대부분의 식물이 함유하고 있는 니아신은 가열을 하게 되면 파괴되지만 커피의 경우 고온에서 니아신이 합성이 되며, 커피 원두 100g당 10~40mg 정도의 니아신이 함유되어 있다. 또한 트리고넬린은 니아신과 비슷한 분자구조를 가지고 있다.(그림194)

트리고넬린은 뇌신경세포의 생성과 재생을 촉진한다는 연구결과와[1] 치매와 같은 뇌 질환과 충치를 예방한다는 결과가 있고, Yoshinari와 Igarashi의 2010년 연구를 보면 트리고넬린은 글루코스 대사와 2종 당뇨에도 어느 정도 효과를 나타낸다고 한다.

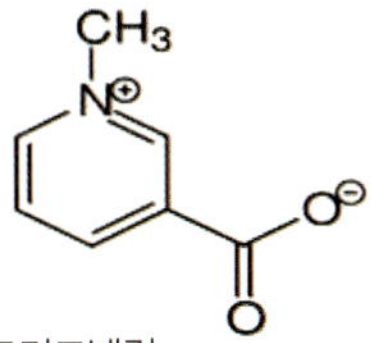

트리고넬린

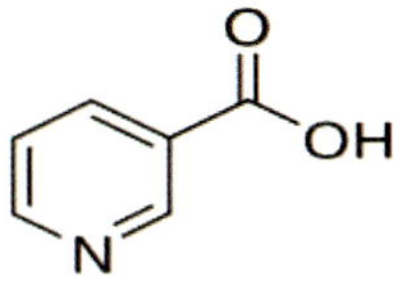

니아신

▲ 그림 194. 트리고넬린과 비슷한 구조를 지닌 니아신

⋮ 2. 커피와 건강 ⋮

불과 몇 십 년 전까지만 해도 커피 음용은 커피에 포함된 카페인 때문에 심각한 부작용이 발생한다고 알려져 있었다. 그러나 최근 커피섭취 및 카페인에 관련된 연구에 따르면 적절한 양의 커피를 음용하면 커피 안에 포함된 성분들이 우리 몸에 좋은 영향을 준다고 보고되었다.

1) 커피 음용과 질병과의 관계

(1) 사망률

커피 섭취량이 많을수록 질병으로 인한 사망률은 감소되는 것으로 나타

1 2000년 12월 21일 일본 도야마의대 하쓰토리 연구팀이 커피사이언스 세미나에서 발표

났다. 미국에서 성인(50-71세) 약 40만 명을 대상으로 1995년도부터 2008년도까지 Freedman 등이 추적 조사한 결과 (2012년)와 그 이후에 발표된 일본, 유럽, 미국 등 몇몇 연구에서도 유사하였다.(그림 195)

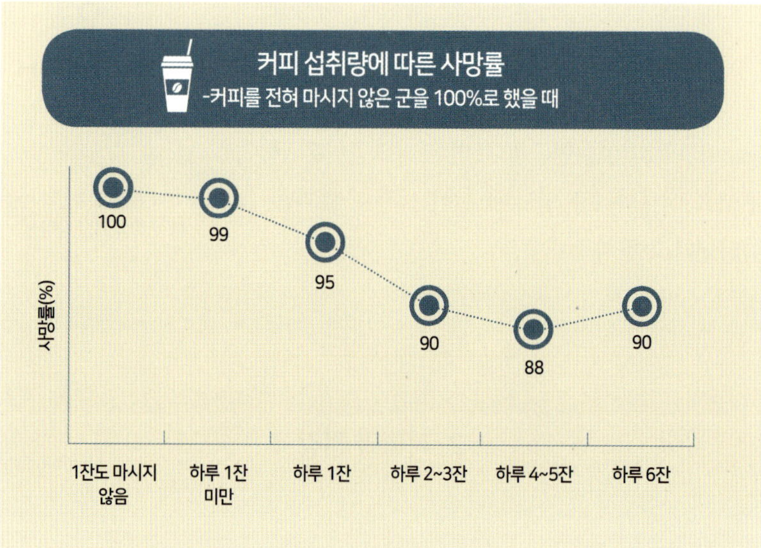

▲ 그림 195. 커피 섭취량에 따른 사망률(출처:Neal D Freedman(2012):Assocciation of coffee drinking with total and cause-specific mortality. New England J Medicine 366: 1891-904)

(2) 제 2형 당뇨 예방

미국 화학 협회(American Chemical Society)에서 발표한 연구에 따르면 하루 커피섭취량이 1~4잔인 경우 제2형 당뇨가 발생할 확률이 23%에서 50%로 줄었다는 연구결과가 있다.

(3) 간 보호

싱가포르의 듀크 의과대학의 연구에 따르면 하루 커피섭취량이 1~4잔인 경우 지방간의 위험성이 현저하게 감소하였다고 밝혔다. 2006년에 보고된

다른 연구에서도 하루에 커피 1잔 이상을 마시는 사람들은 간경변의 발생 가능성이 감소했다는 결과가 있다.

(4) 삶의 질 개선

미국의 국립보건원에 따르면 적당량의 커피를 섭취하는 사람들은 그렇지 않은 사람들보다 우울증이나 심리적 불만족으로 고생할 확률이 10% 가량 감소하였다고 발표하였다.

(5) 뇌 건강 개선

커피 속의 항산화물질이 알츠하이머나 치매 등 퇴행성 뇌질환의 위험성을 감소시킨다.

사우스 플로리다 대학과 마이애미 대학의 공동연구에 의하면 혈중 카페인 농도가 높은 65세 이상의 노인들은 그렇지 않은 노인들에 비해 알츠하이머병 발생이 2~4년 정도 천천히 진행되었다고 발표하였다.

(6) 근감소증 개선

적절한 커피섭취량은 근감소증 위험을 감소시키는 것으로 나타났다. 한림대춘천성심병원에서 분석한 연구를 보면, 2009~2010년 국민건강영양조사에 참여한 40세 이상 남성의 커피 섭취량과 근감소증의 상관관계에서 커피섭취량이 하루 1잔 정도인 사람은 섭취량이 1잔 미만인 사람보다 근감소증 위험이 30% 정도 낮아진다고 보고하였다.

(7) 다이어트 효과

카페인이 체지방을 분해를 촉진하여 다이어트를 나타낸다는 연구가 다수 발표되었다. 최근에 발표된 연구결과에 의하면 커피가 신경전달물질인 엔도카나비노이드를 감소시켜 식욕감소에 일부 영향을 주어 체중 감소를 초래할 수 있다고 하였다.

커피는 종류에 관계없이 다이어트에 도움이 되나요?

우유와 시럽이 들어가지 않은 원두커피는 다이어트에 도움이 된다. 칼로리가 낮고 폴리페놀과 수용성 식이섬유가 많아 성인병 예방과 비만관리에 도움을 줄수 있다.

(8) 커피와 심혈관계질환

최근 Paolo 등은 고혈압 환자가 커피를 섭취하였을 경우 관상동맥질환 위험을 더 높일 수 있다는 연구결과를 보고하여 논란이 있었다. 그러나 다른 연구들에서는 커피의 카페인이 일시적으로 혈압을 높이는 것은 사실이나 커피 섭취가 장기간 이어질 경우 카페인에 적응하는 경향을 나타내었다. 적당한 커피 음용은 커피에 있는 폴리페놀(클로로겐산)의 항산화·항염증 작용으로 인해 심혈관계 질환을 예방에 도움을 줄 수 있을 것으로 기대하고 있다.

(9) 하버드 대학의 연구 결과

하버드 대학에서 40~50대의 성인 약 13만 명을 대상으로 커피섭취 습관과 건강의 연관성을 18~24년간 추적 관찰한 결과를 '커피와 건강'이라는 제목으로 2015년 2월 발표하였는데 요약은 다음과 같다.

① 하루 커피섭취량이 평균 6잔(230mL/잔)인 경우 암 혹은 혈관계 이상을 유발하는 직접적 원인이 아니다.

② 커피섭취량이 많은 경우 불면증, 떨림, 흥분, 스트레스 같은 부작용 증상을 겪을 수 있다. 하지만, 이 경우의 대부분은 커피 자체의 문제라기보다 짧은 시간에 커피섭취량이 과다했기 때문이다.

③ 커피섭취는 제2형 당뇨병, 파킨슨병, 간암, 간경변증의 발병을 감소시키는데 도움을 줄 수 있다. 커피 섭취인은 커피를 섭취하지 않는 사람들에 비해 혈관계 질병 발병률이 낮았다. 따라서 커피를 마시는 것은 건강을 위한 음료 선택의 대안이 될 수 있다.

④ 커피에는 카페인 뿐 아니라 클로로겐산을 비롯한 다양한 항산화 물질이 들어있다. 커피를 마시면 이와 같은 항산화성분들도 함께 마시는 것이므로 긍정적 효과가 있다.

카페인은 인체에 미치는 영향이 일시적이고 제한적이다. 하지만, 포도당이 높은 음식과 커피(카페인)를 함께 섭취한 경우, 순간 인슐린 수치가 올라가거나 혈당 상승이 나타날 수 있다.

따라서 당뇨병 환자들의 경우 디카페인 커피 음용을 권한다. 디카페인 커피에 들어있는 카페인을 제외한 다른 성분들은 당뇨병 환자들에게 긍정적 효과를 나타내기 때문이다.

⑤ 임산부의 경우 커피섭취를 통해 태아에게 전달될 수 있는데 태아는 카페인에 매우 민감하게 반응하기 때문에 신진대사가 느려지는 부작용이 발생할 수 있다. 따라서 임산부의 경우 커피섭취량을 양을 하루 한 잔 이내로 줄이거나 중단하는 것이 좋다.

⑥ 커피 속에는 전체 지질 중 약 20% 정도가 디테르펜 성분인데 그 중 하나가 카페스톨(Cafestol)이라는 오일 성분이 있다. 이 성분은 인체에서 LDL 콜레스테롤을 증가시킬 수 있는 가능성이 있으므로, 고지혈증의 염려가 있는 경우 커피를 추출할 때 오일성분이 추출되는 않도록 하는 것이 좋다. 커피의 오일성분의 추출을 막기 위해서는 종이 필터를 이용하여 커피를 추출하는 것이 좋다. 가정에서 편하게 커피를 추출할 수 있는 프렌치

프레스나 커피를 직접 물에 끓여 추출하는 방식은 카페스톨 추출량이 증가할 수 있다.

3) 커피의 종류와 건강

(1) 커피 음료와 칼로리

커피는 자체는 칼로리가 전혀 없기 때문에 다이어트에 방해가 되지는 않지만, 표41과 같이 커피에 어떤 재료를 첨가하는가에 따라서 칼로리가 달라진다.

표 41. 첨가물에 따른 커피의 칼로리

첨가 재료(1테이블스푼)	지방(g)	탄수화물(g)	칼로리
크림	6	0	52
크림1 : 우유1	2	0	20
일반 크림 대용품(액체)	1.5	2	20
일반 저지방 크림 대용품(액체)	0.5	2	10
향 첨가 크림 대용품(액체)	1.5	5	35
향 첨가 저지방 크림 대용품(액체)	0	3	20
전유	0.5	1	9
무지방 우유	0	1	5
설탕	0	12	48

2006년 USDA 국가영양소 데이터베이스 표준자료

커피에 다른 재료를 첨가해도 표 41처럼 칼로리가 크게 올라가지 않는다. 크림을 넣었을 경우 236ml당 약 50칼로리이며, 전유의 경우에는 10칼로리가 넘지 않는다.

카페라떼(약470ml)의 경우 전유를 사용할 경우 180칼로리 정도이며, 무지방 우유를 사용할 경우 100칼로리 미만이다.[2]

: 3. 위해요소 :

커피는 재배부터 매장관리까지 다양한 위해요소를 가지고 있다. 커피재배 시 사용되는 농약, 수확 과정에서 이물질 혼입, 보관 및 저장 중 곰팡이 발생, 로스팅 시 과다한 열처리로 인한 탄화, 커피원두에 함유된 지질 산패, 에스프레소 머신이나 그라인더의 청소 불량으로 인한 위생문제가 발생할 수 있다. 그 중 커피의 재배과정에서는 해충의 위협이나 사용되는 농약 등 위해요소가 발생할 수 있다.

1) 해충

(1) 커피 해충

커피 품종 중 아라비카 품종은 해충에 상당히 취약하다. 그리고 커피는 다년생 식물이기 때문에 제때 방제를 하지 못하면 다음해 작황에 까지 많은 피해를 입힐 수 있다.

① **흰개미**(Termites)

흰개미는 토양의 빗물 투과성을 좋게 하고, 커피나무 뿌리가 잘 뻗을 수

2 미 농무부, 2006년 USDA 국가영양소 데이터베이스 표준자료로 함유량은 여러 커피전문점의 평균치임.

있게 도와준다. 그러나 그림 196과 같이 개미집이 형성되면 토양 경작이 어려움을 겪거나 큰 개미핥기가 흰개미를 먹기 위해 농장 토양에 커다란 구멍을 내는 등의 피해를 입힐 수 있다. 보통 흰개미는 커피나무의 죽은 부분을 먹지만 가끔 살아 있는 부분도 침투해 나무를 죽일 수도 있다.

▲ 그림 196. 언덕형태의 흰개미집

② **개각충**(깍지벌레, Scale Insects)

개각충은 커피나무의 당분을 빨아 먹기 때문에 수액을 줄어들게 하며 성장을 방해한다. 또한 개각충은 달콤한 액을 분비하기 때문에 커피나무에 개미를 꼬이게 한다. 그리고 그을음병(sooty mold)을 일으키는 균류는 개각충이 분비하는 액을 먹고 자라기 때문에 커피나무의 잎을 시커멓게 만드는 그림 197과 같은 그을음병을 발생시킬 수 있다.

▲ 그림 197. 그을음병 피해 잎

③ **커피 베리 보러**(Coffee Berry Borer)

그림 198의 커피 베리 보러는 커피나무 체리가 자라면 꽃이 있던 끄트머리 부분에 둥근 구멍을 내고 생두 안으로 파고 들어간다. 그리고 그 안에 알을 낳는데 애벌레는 커피생두의 조직을 먹으면서 자란다. 열매 하나에 최대 20마리의 애벌레가 나타날 수 있다.

▲ 그림 198. coffee berry borer damage
(출처:http://www.ambrosiasymbiosis.org)

④ **커피 흰 줄기 보러**(Coffee White Stem Borer)

그림 199의 이 벌레는 아라비카 커피나무에 큰 피해를 입히는 해충으로 애벌레가 커피나무의 줄기에 구멍을 뚫고 들어가 줄기를 고사시키고, 살아남은 커피나무의 생산량을 급감시킨다.

▲ 그림 199. 커피흰줄기보러 애벌레

2) 농약

커피는 질병이나 해충으로 인한 피해가 크기 때문에 면과 담배와 함께 다량의 농약을 사용하는 작물로 알려져 있다.

커피는 커피 열매에 농약이 살포되어도 외과피와 과육이 내부의 생두를 보호하고 있기 때문에 잔류 농약은 극소량으로 알려져 있다.

또한, 로스팅 과정을 통해 고온 가열되기 때문에 커피는 농약의 위험성이 없는 것으로 알려져 있다. 그러나 2003년 브라질과 콜롬비아에서 생산된 커피에서 잔류농약인 디클로르보스가 검출되면서 문제가 불거지게 되었다.

이와 같은 문제에 대해 (사)일본해사검정협회의 이화학분석센터에서 발표한 보고서에 따르면 이 디클로르보스라는 잔류농약은 로스팅 시 200℃에서 85%, 242℃에는 93% 휘발되고 550℃가 되어서 대부분 휘발된 것으로 보고되었다.

일반적으로 로스팅 공정의 최고 온도는 200~250℃ 전후이다. 따라서 드럼 내 온도를 550℃까지 올려 로스팅 한다는 것은 사실상 불가능하다. 따라서 커피원두에는 잔류농약인 디클로르보스가 7%정도 존재할 수 있기 때문에 커피도 잔류농약에 의한 위험이 있는 것으로 나타났다.

우리나라에 수입된 커피생두에서는 암을 유발 가능성이 있는 프로시미

돈이 0.1ppm, 살충제인 펜프로파스린이 0.1ppm, 비펜스린이 0.03ppm이 검출된 적이 있다. 위와 같은 성분들은 미국과 일본에서는 커피생두에서 검출되면 안 되는 성분으로 분류되어 있다. 그러나 우리나라에서는 커피원두에 대한 농약잔류허용기준이 43개로 마련되어 있지만, 커피생두에 대해서는 잔류농약허용기준이 없다. 따라서 유사작물 기준을 커피생두에 적용하게 되어 잔류 농약의 위험성이 있는 커피생두가 적합 판정을 받아 유통되는 문제점이 발생하게 된 것이다.

Chapter 05

커피의 역사와 문화

1. 커피의 기원
2. 커피의 전파
3. 우리나라

: 1. 커피의 기원 :

커피의 기원에는 여러 가지 설이 있으나, 사람이 언제부터 커피를 접했는지에 관한 역사적인 기록이 없어 사실로 받아들이기는 어렵다. 다만 커피는 에티오피아의 카파지역에서 야생으로 자라고 있었으며, 에티오피아의 고지대에서 유목생활을 하던 오모로 부족의 비상식량으로 활용되었다고 한다. 오모로 부족민들은 커피생두를 곱게 으깬 다음 동물의 기름덩어리와 버무려 새알심처럼 만들어서 사냥할 때 또는 전쟁 시에 먹었다고 한다.

커피에 관한 믿을만한 설은 무엇일까요?

15세기 중반 에티오피아를 여행하던 예멘의 한 아랍인이 너무 힘들고 배가 고파서 주변에 있던 열매가 달린 나뭇가지에 불을 때어 밥을 지었다. 그런데 불에 익은 열매가 좋은 향기를 내었고, 부수어보니 더 좋은 향기가 났다. 그러다가 실수로 마시는 물에 부순 열매 가루를 떨어트리게 되었다. 그 물을 마셔본 아랍인은 피로가 회복되는 효과를 얻게 되었다. 그는 열매를 본국인 예멘으로 가지고 갔다. 그리고는 율법학자들에게 열매의 효능을 설명하고 열매를 익혀 물과 함께 마시는 방법을 전파하였다. 이후 이 열매는 에티오피아에서 분나(Bunna), 혹은 부나(Buna)라고 불렸고, 아라비아 국가에서는 와인의 아랍어인 카와(Qahwa)라고 불렀다.

⋮ 2. 커피의 전파 ⋮

커피나무는 에티오피아의 야생에서 자라다가 15세기 경 예멘으로 건너가 최초로 상업적 재배가 시작되었다. 15세기 말경에는 사우디아라비아 메카(Mecca), 메디나(Medina)에 전파되고, 1510년에는 이집트의 카이로에 전파되었다. 예멘에서는 수도자들이 밤에 졸음을 쫓기 위한 용도로 커피를 마셨다.

그러나 메카, 메디나, 카이로에서는 오늘날 카페의 역할을 하는 '카베 카네스(Kaveh Kanes)'라는 사교공간을 생기면서, 이곳 사람들은 커피를 음료로 즐겼다. 커피하우스의 시초인 카베 카네스는 사교문화공간의 중심지로 부상하였고, 이후 유럽으로 전파되어 다양한 계층이 자유롭게 의사소통하는 장소로 발전하였다.

1) 이탈리아

커피는 17세기 초 레반트 지역과 무역활동을 하던 베니스의 상인들을 통해 전파되었을 것으로 추측된다. 베니스에 전파된 커피는 초기에 음료가 아닌 의학적 목적으로, 약국에서 약으로써 판매되었다고 한다. 유럽에서 커피가 처음 판매된 시기는 1615년 베니스에서 레몬에이드 상인들이 커피를 함께 팔았던 것으로 시작되었다. 기록으로 남은 최초의 커피하우스는 프로쿠라티에 누오베(Procuratie Nuove)로 1683년에 문을 열었다.

교황에게 세례 받은 커피?

커피가 처음 로마에 전파되었을 때, 대부분의 종교 지도자들은 커피를 이슬람 승려들이 마시는 이도교의 음료라고 생각하였다. 그리하여 당시 몇몇의 신부들이 교황이었던 클레멘스 8세(Clemens VIII)에게 찾아가 그리스도인이 커피를 마시지 못하게 해달라는 청원을 하였다. 그러나 교황은 커피를 직접 마셔보고는 오히려 맛과 향이 좋은 커피를 이슬람교도들만 즐기게 할 수 없다면서 커피에 세례를 주었다. 이 일을 계기로 커피가 사람에게 정신적, 육체적으로 해롭지 않다는 것으로 판단하여 유럽에 널리 전파되었다.

2) 영국

커피는 영국에 1598년에 기록물로서 알려졌으나, 음료로서는 성행하지 못했다. 약 50년 후 1650년 레바논 출신의 유태인인 야콥스(Jacobs)가 옥스퍼드 대학에서 문을 연 'some who delighted in noveltie'에서 커피하우스가 문을 열었다.

이 커피하우스가 성행하자 순식간에 런던 전반에 커피하우스 열풍이 일었다. 당시 커피하우스는 사교문화의 중심지로 발전하여 다양한 계층이 드나들었다. 또한 보험 · 증권 · 금융업 종사자와 고객이 만나는 비즈니스 장소로서의 역할을 하였다.

커피하우스가 대학(university)이다?

커피하우스는 영국인 사이에서 'penny university'로 불렸다. 그 이유는 입장료로 1페니만 내면 하루 종일 당시 지식인 계층의 다양한 토론을 경청할 수 있었기 때문이다.

여성들의 커피하우스 폐쇄 청원서

1674년 영국의 여성들은 집단을 결성하여 '커피에 반대하는 여성들의 청원'을 발표하였다. 내용은 "커피는 남자들이 돈을 허투로 쓰게 만들고, 빈둥거리게 한다. 또한 정력까지 감퇴시킨다.'라고 주장하였다. 얼마 뒤 남성들은 여성들의 청원에 반대하는 글을 발표하였다. 내용은 '커피는 몸에 해롭지도 않고, 정신을 맑게 하는 음료인데 왜 화풀이를 하느냐' 이었다. 이러한 헤프닝은 당시 커피하우스에는 여성들이 출입할 수 없었기 때문에 남녀차별에 반발하였던 것으로 추측해볼 수 있다.

3) 프랑스

프랑스에서 커피는 1596년 이집트의 음료인 카베(Cahve)를 만드는 씨앗에 대해 적은 편지에서 발견되면서 기록물로 알려졌다. 이후 프랑스에 커피를 처음 가지고 온 사람은 장 드 로크(Jean de La Roque)로 알려져 있다. 그는 1644년 마르세유에서 여행하다가 커피와 터키의 커피용품을 가지고 프랑스로 돌아왔다. 1660년경에는 커피가 마르세유의 무역상인들을 통해 마르세유 지방에서 보편적으로 퍼졌다. 1671년에는 마르세유 최초의 커피하우스가 개점하고, 커피는 짧은 시간에 필수 음료로 자리 잡게 되었다.

그러나 마르세유에서 크게 유행한 커피는 파리에서는 관심을 받지 못하다가, 1669년 터키의 대사 술레이만 아가(Suleyman Aga)가 파리로 부임하여 루이 14세의 궁으로 들어가면서 주목받기 시작하였다. 프랑스인들이 술라이만 아가 대사가 가지고 들어온 터키의 화려하고 독특하며 고급스러운 문물들에 매료되었기 때문이었다. 이후 프랑스인들이 커피에 관심이 많아지자 1672년 파스칼(Pascal)이 공식 커피하우스를 열었다.

프랑스에서 아직도 운영 중인 커피하우스?

바로 1686년에 오픈한 카페 르 프로코프(Cafe' Le Procope)이다. 이곳은 전성기에 루소(Rousseau), 볼테르(Voltaire), 보마르세(Beaumarchais), 디드로(Diderot) 등 당대 유명 인사들이 단골로 드나들면서 예술가, 사상가, 문학가들의 집합소로 활용되었다. 현재는 레스토랑으로 운영되고 있다.

카페오레(cafe' au lait)의 탄생

카페오레는 1685년에 프랑스의 의사였던 시외르 모닌에 의해 개발되었다. 당시 카페오레는 커피음료가 아닌 의약품으로 개발된 것이다. 커피의 성분 중 카페인은 칼슘의 흡수를 방해할 수 있기 때문에, 아침마다 진한 원두커피를 마시는 프랑스인들에게 우유를 첨가하여 칼슘의 섭취를 늘리려고 했던 방법이다.

카페오레의 개발 이후 커피를 제조하는 방법도 점점 발전하였다. 기존의 터키식 커피의 맛에 텁텁함을 느끼던 프랑스인들은 1710년경 분쇄한 원두가루를 헝겊에 넣고 그 위에 끓인 물을 부어 원두가루를 걸러내는 방식을 개발하였다.

4) 독일

독일에서 커피에 관해 언급된 최초의 기록은 1582년 독일의 의사이며 식물학자인 레온하르트 라우볼트(Leonhard Rauwolf)가 남긴 인쇄물이었다. 라우볼트는 중동지방을 여행한 후 독일로 돌아와 유럽 최초로 커피를 언급하고 커피 음용에 대한 기록을 남겼다.

그러나 독일인들의 커피음용은 약 1세기 가까이 지난 1670년경에 전파되었다. 약 10년 후 함부르크에 영국의 상인이 독일 최초의 커피하우스를 열면서 영국 런던에서 유행하던 커피는 북부 독일로 전파되었다. 독일에 커피가 알려지면서 커피음용은 독일의 전 지역으로 빠르게 확산되었고, 18세기 중반 이후 각 가정에서는 아침에 빵과 함께 먹던 바이에른식 맥주수프 대신 커피를 마시게 되었다.

커피의 소비를 막은 프리드리히 대왕

커피가 독일에서 기록으로 남겨진 후 약 1세기가 흐른 뒤에야 받아들여진 이유는 국민들이 즐겨 마시던 맥주의 영향력 때문이었다. 그러나 맥주의 영향력에도 불구하고 점점 커피 음용이 전국적으로 확산되자 커피 수입을 위해 많은 돈이 외국으로 나가게 되었다.

그러자 당시 프로이센의 왕이었던 프리드리히 대왕(Friedrich der Große)은 1777년에 커피 소비를 금지하고 맥주음용을 권유하는 성명서를 발표하였다. 그러나 국민들의 거센 반대에 부딪쳐 커피 소비를 강제로 금지시킬 수 없다고 판단한 정부는 귀족들에게만 커피를 볶을 수 있는 허가를 주었다. 또한 커피에 세금을 높게 부과하였다. 결국 커피는 귀족이나 부자들만이 마실 수 있는 사치품이 되었다.

커피를 마음껏 마실 수 없었던 시민들은 밀, 보리, 옥수수, 치커리, 말린 무화과 등의 열매를 볶아 커피를 대신해 마시는 커피 대용품이 등장하게 되었다.

세바스찬 바흐의 '커피 칸타타'

커피가 독일에서 유행처럼 퍼져나갈 당시의 사회는 커피를 음용하는 여성에 대한 차별이 심했던 시기였다. 여성들은 커피하우스의 출입이 금지되었다. 또한 많은 의사들은 여성이 커피를 많이 복용할 경우 불임이 될 수 있다고 주장하였다. 또한 여성이 커피를 마시면 피부가 검어진다는 말도 안 되는 주장을 하였다.

당시 독일의 유명 작곡가였던 요한 세바스티안 바흐(Bach, Johann Sebastian)는 위와 같은 여성 차별적인 사회적 분위기에 대해 1732년에 "커피 칸타타(Coffee Cantata)"를 작곡함으로써 반대하는 의사를 표현하였다. 커피 칸타타는 커피음용 중독에 관한 이야기를 익살스럽게 표현한 곡이다.

또한 당시에는 여성이 커피하우스에 출입할 수 없었기 때문에 커피하우스에서 커피 칸타타 공연이 있는 날이면, 소프라노 파트까지 남성이 맡아 열창하는 바람에 더욱 익살스러운 분위기가 조성되었다. 이러한 설정은 당대 커피하우스에 출입이 금지됐던 여성 차별적 정책을 풍자하는 것으로 볼 수 있다.

5) 오스트리아

오스트리아에 커피 음용이 전해진 시기는 1683년에 터키가 빈을 침공하여, 빈이 포위된 상황에서였다. 오스트리아 빈에 커피를 알린 사람은 당시 유일하게 커피를 알고 있던 폴란드 출신의 직업 군인이었던 프란츠 게오르그 콜쉬츠키(Franz Georg Kolschitzky)였다.

콜쉬츠키는 'Blue Bottle Cafe'라는 이름의 빈 최초의 커피하우스를 열어 빈 사람들에게 커피를 알렸다. 콜쉬츠키의 노력 덕분인지 빈의 커피하우스는 2011년에 "빈 카페하우스 문화(Wiener Kaffeehauskultur)"라는 공식 명칭으로 유네스코(UNESCO)에 무형문화유산으로 등재되는 영예를 안았다.

콜쉬츠키가 커피를 손에 넣을 수 있었던 이유는?

터키제국이 빈을 침공하여 대치 중이던 상황에서, 결국 빈이 터키를 물리치고 승리하였다. 터키군은 퇴각하면서 전쟁 당시 마시던 커피자루를 전리품으로 두고 갔는데, 당시 빈 사람들은 커피가 무엇인지 몰랐다. 그들은 콩처럼 동글동글하게 생긴 커피가 낙타의 먹이라고 생각하였기 때문에 아무도 커피자루를 가지고 가려고 하지 않았다. 이러한 상황에서 이미 커피를 접해보았던 콜쉬츠키가 커피자루를 얻게 되었던 것이다. 그후 콜쉬츠키는 커피를 끓이고 음용하는 방법을 빈 사람들에게 알려주었고, 'Blue Bottle Cafe'라는 빈 최초의 커피하우스를 오픈할 수 있었던 것이다.

아인슈페너의 탄생 배경은?

우리가 (흔히) 비엔나커피로 알고 있는 커피는 사실 아인슈페너(Einspanner)이다. 이 커피는 마차를 타고 다니던 시절 커피하우스에서 커피를 마실 시간이 없었던 마부들이 마셨던 커피에서 유래되었다. 아인슈페너의 뜻은 '한 마리 말이 끄는 마차'이다.

마부들이 마차 위에서 한손에는 말의 고삐를 잡고, 또 다른 한 손으로는 생크림을 올린 커피를 들고 마시게 된 것이 시초였다. 이때 커피 위에 올린 생크림은 식사를 제때 챙기기 힘든 마부들에게 한 끼 식사를 대신할 든든한 커피음료였고, 커피의 온도를 오래 유지시켜줄 수 있었다.

6) 네덜란드

네덜란드는 베니스 상인들, 동양의 상인들과의 무역활동으로 일찍부터 커피를 접하였으며, 인접한 국가인 독일로부터 커피에 대한 정보를 얻을 수 있었다. 커피에 대해 언급한 기록은 1592년 알피니(Alpini)가 네덜란드인들이 커피에 호기심이 많다고 적은 내용이었다. 커피에 대해 많은 관심이 있었던 네덜란드는 1602년 동인도 회사를 설립하여 커피 교역의 중심지 역할을 하였다.

네덜란드의 커피나무 전파

커피나무의 재배는 16세기 말까지 에티오피아와 예멘지역에서만 이루어졌다. 당시 유럽 곳곳에서 커피하우스가 문을 열고, 커피의 음용이 확산되자 커피의 수요가 폭발적으로 늘어난 것이다. 공급이 부족해지자 커피의 값은 치솟았고, 아랍인들은 커피묘목의 유출을 철저하게 단속하고, 커피체리를 유출하지 않기 위해 뜨거운 물에 넣어 발아력을 없앤 후 수출하였다. 이에 따라 유럽인들은 어쩔 수 없이 비싼 금액을 지불하고 커피를 사들일 수밖에 없었다.

그러던 1616년 네덜란드 동인도 회사의 상인이었던 피터 반 데어 브뢰케(Peiter van dan Broeck)가 예멘 모카에서 커피묘목 몇 그루를 몰래 훔쳐 암스테르담식물원에 이식하였다. 그러나 첫 번째 이식은 실패하였고, 1696년 식민지였던 인도네시아 자바 섬에 커피농장을 조성하여 커피의 대량 생산에 성공한다. 네덜란드는 자바 섬에서 재배한 커피를 유럽에 판매해 막대한 수익을 올렸고, 자바에서 경작된 커피묘목은 훗날 남아메리카와 중남미로 전파되었다.

7) 미국

커피가 아메리카 대륙에 알려진 기록은 1670년에 보스턴에 살던 도로시 존스(Dorothy Jones)가 정부로부터 커피 판매 자격을 획득하고, 아메리카에서 처음으로 커피를 판매한 무역상이 되었다고 적혀 있다.

아메리카의 커피하우스도 유럽의 커피하우스와 마찬가지로 사교 공간, 정치 · 사업의 중심지가 되었다. 유럽의 커피하우스와의 차이점은 아메리카의 커피하우스가 정부기관의 회의 장소로 활용되거나, 때로는 재판소로 활용되었다는 점이다.

아메리카의 커피하우스 '그린 드래곤'

당시 보스턴에서 가장 유명했던 커피하우스는 그린 드래곤(The Green dragon)이었다. 이곳은 미국의 독립주의자들이 영국의 인지조례를 거부한 장소이고, 1773년 식민지 주민들이 영국으로부터의 차(茶) 수입을 막기 위해 일으켰던 '보스턴 차사건(Boston Tea Party)'을 모의한 장소였다.
아메리카 주민들은 커피와 차를 모두 음용하였는데, 보스턴 차사건 이후에는 차의 음용을 줄이고 커피가 사랑받는 음료로 자리 잡았다.

⋮ 3.우리나라 ⋮

1) 전파

커피가 우리나라에 전해진 시기는 조선이 1882년 미국 · 영국 · 독일에 문호를 개방하기 시작한 이후 각국의 공사관, 선교사, 여행객, 상인 등 다양한 경로를 통해 들어왔을 것으로 추측된다.

문헌상 기록은 미국의 천문학자인 퍼시벌 로웰(Percival Lowell)이 조선에 머물다가 고국으로 돌아가 펴낸 기행서인 '조용한 아침의 나라(Choson, The Land of The Morning Calm)'에서 1884년 전후로 커피가 우리나라에 전해졌음이 확인되고 있다.

고종황제는 아관파천 때 처음 커피를 마셨다?

우리나라 커피 사에서 "고종황제가 1896년 2월 아관파천 당시 러시아 공사관에서 처음 커피를 접했다."라는 말이 사실처럼 확산되고 있다. 실제로 많은 매체에서 의심 없이 재 배포되고 있다. 그러나 고종황제가 아관파천 때 커피를 처음 접했다는 기록은 어디에도 없다. 오히려 1884년부터 1887년까지 조선에서 어의로 지냈던 알렌(H. N. Allen)의 "Things Korean" 기록을 확인하면 아관파천이 발생하기 12년 전에 조선의 궁에서 이미 커피를 음용했다는 사실을 알 수 있다.

정관헌은 고종황제의 커피숍?

덕수궁 정관헌 앞에 설명문에는 "궁궐 후원의 언덕 위에 세운 휴식용 건물로-, 고종은 커피를 마시며 외교 사절들과 연회를 즐겼다 한다."라고 적혀있다. 이러한 문구는 잘못 알려져 있는 허구이다. 정관헌은 1901년 고종황제가 태조의 어진을 모셔와 작헌례(酌獻禮)를 올리고, 1912년에 태조와 고종의 어진, 순종의 예진을 중화전으로 모시기 전까지 수시로 참배와 제사를 올렸던 곳이다. 12년간 조상들께 제사를 모시던 신성한 곳에서 커피를 마시며 연회를 즐겼다는 이야기는 당시 유교 국가에서는 받아들일 수 없는 일일 것이다.

2) 발전

1910년에 발생한 한일합방 전후, 많은 일본인들은 국내에 우리나라의 다방(茶房)에 해당하는 끽다점을 개업하였다. 끽다점의 시작은 일본인들이 그들의 연락망을 구축하고, 사교활동을 하기위해 개업하였다. 그러나 한편으로 끽다점은 우리나라 독립투사들의 최후의 거처 역할을 하기도 하였다.

그 예로 끽다점은 1909년 10월 26일 일본인으로 변장한 안중근 의사가 하얼빈역에서 조선통감부 초대 통감이었던 이토히로부미를 사살하기 전 대기했던 장소였다. 또한 1919년 9월 2일에는 독립운동가 강우규 의사가 제 3

대 총독 사이토 마코토에게 수류탄을 투척하여 상해를 입히기 전 대기했던 장소였다. 이처럼 끽다점은 독립투사들의 최후의 거처가 되기도 하였다.

우리나라 다방의 시초로서 끽다점이 개업한 후 많은 다방들이 생기게 되었다. 이에 따라 우리나라에서는 커피문화를 즐기는 사람들이 점차 다양한 계층으로 확대되었고, 커피문화는 점점 발전하게 된다.(표 42)

표 42. 한눈으로 보는 시대별 커피숍의 변천사

1910년대	* 다방의 태동 시기 * 1914년 '청목당, 조선호텔'(최초의 다방)
1920년대	* 커피와 다방은 모던의 상징 * 주로 영화인들이 다방을 개업 * 1927년 이경손 '카카듀'(한국인 최초 다방) * 1929년 종로2가 '멕시코다방'(최초 다방 명칭 사용)
1930년대	* 예술가, 문학가들이 다방을 운영 * 작품전시회나 출판기념회 등을 개최하여 문화교류 * 1931년 화가 이순석 '낙랑파라'
1940년대	* 문인들의 사랑방 역할 * 출판회·전시회·기념회 등을 개최 문화센터의 역할
1950년대	* 한국전쟁 중 유일한 음악 감상실 * 예술가들의 사랑방 * 전쟁 후에는 명동이 예술·문화 중심지 역할
1960년대	* 젊은이들의 문화 공간, 상업적인 공간으로 변모
1970년대	* 음악다방, 서민들의 TV 시청 공간 * 길에서 커피를 판매하는 '길 다방' 등장 * 1976년 동서식품에서 커피믹스 출시 → 2003년 국내 커피시장의 90%를 차지 * 1979년 원두커피 체인점의 시초 '난다랑' 오픈
1980년대	* '커피숍' 명칭 등장 * 마담과 레지가 있던 일반다방 퇴폐 * 1988년 서울 올림픽 이후 원두커피 음용확산 * 커피가 기호식품으로 자리매김

1990년대	* 커피수요증가로 토종커피점이 프랜차이즈화 됨 * IMF 이후 깔끔한 인테리어, 셀프 서비스를 도입 * 새로운 타입의 커피전문점 등장 * 1999년 7월 서울 신촌 '스타벅스' 오픈 * 에스프레소 커피 확산, 테이크아웃 문화 확산
2000년대	* 탐앤탐스, 할리스 등 프랜차이즈 커피전문점 국내 커피시장으로 진입 * 대중성을 지향한 커피전문점, 매니아 층을 위한 커피전문점으로 양분되면서 발전.
2010년대	* 독특한 향미를 지닌 '스페셜티 커피'의 등장 * 커피문화의 고급화 * 2019년 5월 서울 성수동 '블루보틀' 오픈 * 앞으로는 건강기능성 커피로 확대될 전망

커피는 한국인이 자주 먹는 음식 2위에 오름

음식별 순위		
1위 배추김치	5위 김구이	9위 멸치볶음
2위 커피	6위 우유	10위 탄산음료
3위 잡곡밥	7위 과자	11위 달걀부침/프라이
4위 쌀밥	8위 사과	12위 라면

출처: 2015 국민건강영양조사

coffee

바리스타가 꼭 알아야 할 원두에서 카페관리까지

Chapter 06

창업과 경영

1. 커피전문점 창업
2. 커피전문점 마케팅
3. 매장 관리

Chapter 06 창업과 경영

⁝ 1. 커피전문점 창업 ⁝

커피전문점 창업은 국내 커피시장의 지속적인 성장으로 증가하고 있다. 2019년 발표된 현대경제연구원의 '커피산업의 5가지 트랜드 변화와 전망' 보고서에 따르면 국내 커피 소비량은 세계 6위 수준으로 1인당 연간 353잔을 소비하고 있으며, 스페셜티 커피의 성장으로 인구대비 고급 매장수는 미국과 중국, 일본을 넘어선 것으로 조사되었다. 커피 소비량이 증가하면서 커피시장과 고객이 다양화되면서 세분화되고 있으며, 색다른 콘셉트와 인테리어는 물론 개성적인 커피 향미를 추구하는 소비자들이 증가하고 있다. 이에 맞춰 기업들도 프리미엄 커피 공급을 확대하고, 직영점 중심의 매장확대 전략을 사용하고 있다. 개인 커피전문점의 경우에는 프랜차이즈 커피전문점들과의 차별화를 위해 다양한 콘셉트와 인테리어를 선보이고 있으며, 좋은 커피 구매를 위한 커피 경매 직접 참여뿐만 아니라 특별 메뉴를 개발하는 등 다양해진 소비자들의 욕구를 충족시키기 위해 노력하고 있다.

1) 콘셉트와 인테리어

현재의 커피전문점은 단순히 음료를 제공하는 공간뿐만 아니라 휴식과 문화를 제공하는 복합문화 공간으로 발전하였다. 따라서 기존의 좋은 입지만으로는 성공을 담보할 수 없고, 매장의 개성과 특성을 잘 드러낼 수 있는 콘셉트와 인테리어를 필요로 한다.

매장의 콘셉트는 창업자의 가치관과 개성이 잘 드러나도록 꾸며져야 하며 유행을 타고 있는 콘셉트를 따라하는 것으로는 고객들의 요구를 충족시켜 주기 어렵다. 인테리어의 경우에도 유행하는 인테리어를 따라하기 보다는 결정된 콘셉트에 맞춰 본인 매장만의 특성을 잘 드러내야 한다.

(1) 미니멀리즘 인테리어

미니멀리즘 인테리어는 흰색을 주로 사용하면서 전체적으로 깔끔함과 간결함을 추구한다. 카페 인테리어 중 가장 자본이 적게 들어가지만 남다른 감각을 필요로 한다.

▲ 그림 200. 전북 군산 커피벨트

주로 도심에서 젊은 층을 공략하는 콘셉트로 유행을 앞서가는 신 메뉴를 계속해서 개발해야 한다.

(2) 북유럽 인테리어

▲ 그림 201. 경남 진주 커피플라워

고급스러운 자재와 소품을 사용하는 인테리어 콘셉트이다. 중세유럽의 궁을 연상시키는 분위기로 넓은 입지에 어울린다.

최소 50평 이상의 대형 매장에 어울리며 인테리어에 어울리는 기물과 음향기기 등이 준비되어야 한다. 메뉴는 고전적인 메뉴와 핸드드립 커피와 같은 고급스러운 메뉴로 구성해야 한다.

(3) 빈티지 인테리어

한옥, 양조장, 옛양옥 등 예전 건물의 느낌을 크게 지우지 않고 공간 곳곳

▲ 그림 202. 경남 거창 쿠쿠오나

에서 옛스러운 느낌을 살리는 인테리어로 현재 국내에서 유행을 하고 있는 인테리어 컨셉이다.

공간의 역사와 잘 어울리는 스토리텔링이 필요한 컨셉이다.

공간과 어울리는 기물들을 사용하는 것이 필요하며, 옛건물을 그대로 사용하다 보니 발생할 수 있는 식품안전사고에 유의를 해야 한다.

(4) 인더스트리얼 인테리어

공장 등을 카페로 개조하는 콘셉트로 제주도의 '엔트러사이트'가 대표적이다.

보통 공장을 개조하여 사용하다 보니 대형매장으로 구성되며, 통일된 느낌보다는 각 섹션마다 다른 느낌을 주는 콘셉트가 어울린다.

넓은 공간에 효율적인 냉난방 시스템과 음향구성이 요구되며, 공간에 대한 역사 스토리텔링이 필요한 콘셉트이다. 또한 빈티지 인테리어와 마찬가지로 식품안전사고에 유의해야 한다.

▲ 그림 203. 제주도 엔트러사이트

(5) 복합문화 인테리어

박물관, 미술관, 식물원, 공연장 등을 카페 인테리어에 결합시킨 형태로, 고객들에게 음료뿐만 아니라 휴식과 문화를 동시에 제공하는 콘셉트이다.

보통 대형 매장에 어울리는 콘셉트로 특색 있는 공간구성으로 치열해진 카페시장에서 돋보일 수 있는 콘셉트이다.

▲ 그림 204. 익산 카페H

2) 인·허가 사항

사업을 시작하기 전에는 반드시 사업자등록과 영업신고를 해야 한다. 사업자등록은 관할세무서에 임대차계약서와 신분증을 가지고 가면 발급이 가능하고, 영업신고증은 위생교육을 이수하고 보건증이 있어야 발급이 가능하다. 또한 사업장의 소방시설은 꼭 갖추어야할 필수 조건이기 때문에 매장을 계약하기 전에는 본인이 하려는 사업의 소방법을 꼭 확인 후 사업에 적합한 매장을 계약해야 한다.(표 43)

▌표 43. 영업신고 담당 기관 및 조건, 필요서류

	관할기관	조건 및 필요서류
소방시설	관할소방서	2층 : 100m2 이상일 경우 해당. 지하 : 66m2 이상일 경우 해당.
위생교육	휴게음식업 : 한국휴게음식업중앙회 일반음식업 : 한국음식업중앙회	교육시간 6시간 (온라인 교육)
보건증	관할보건소	사진2매, 신분증, 검사후 발급까지 약 3일 소요
영업허가	관할구청	위생교육수료증, 식품관련영업신고 신고증, 소방 방화시설 완비증명서(해당시), 액화석유가스사용시설 완성검사필증(해당시), 임대차계약서, 신분증, 인감도장, 인감증명서

3) 개념

창업이란 제품 또는 용역을 생산하거나 판매하는 사업을 시작하기 전, 이제까지 존재하지 않던 새로운 기업조직을 설립하는 행위를 말한다.

다시 말하면 창업은 기업의 목적을 달성하기 위하여 인적 · 물적 경영자원을 결합하여 서비스나 상품을 조달, 생산, 판매하거나 그 부수활동을 수행하는 시스템을 구축하는 것이라고 할 수 있다. 실무적으로는 개인 또는 집단이 사람을 동원하여 사업을 개시하는 것이다.

그리고 외식창업에서 성공하기 위해서는 고객과의 다양한 접점을 개발하고 고품질의 제품과 효율적인 운영시스템을 갖추어야 한다.(그림 205)

▲ 그림 205. 외식창업의 성공요소

4) 창업의 기본요소

창업을 위한 기초공사는 어떠한 사업요소들이 투입되느냐에 따라 상이한 결과를 가져온다.

훌륭한 건축물의 창작과 마찬가지로 훌륭한 외식기업의 탄생은 우수한 투입요소들이 합리적으로 결합함으로써 가능하게 된다. 외식창업의 대표적인 3가지 기본요소는 인적요소, 조리제품요소, 물적 요소가 있다.

(1) 인적요소

외식산업분야는 고객을 위한 서비스가 기본원칙이기 때문에 인적요소는 외식창업을 위해 필요한 기본적인 투입요소 중 가장 핵심적인 요소이다. 인적요소는 창업의 주체인 창업자를 위시하여 제품의 생산, 판매, 일반관리 등 외식기업조직의 각 기능을 담당할 인적자원을 지칭한다.

(2) 조리제품요소

조리제품요소는 어떤 메뉴를 선택하여 고객들에게 접근할 것인가에 대한 사업내용을 담고 있다. 외식창업의 기본요소 중 인적자원요소 다음으로 중요한 요소이다.

조리제품요소에 의해 형성되는 창업의 업태는 기존에 판매하고 있는 조리제품을 생산하여 기존시장이나 새로운 시장에서 판매하는 경우가 있다. 또한 이제까지 없었던 메뉴를 개발하여 새로운 시장에 도전하는 경우도 있으며, 기존 생산 업자에게 제품을 공급받아 판매하는 경우 등 다양하다.

(3) 물적 요소

외식창업에 있어서 중요한 비중을 가지고 있는 것이 창업 자본을 비롯한 물적 요소이다. 물적 요소는 창업에 직접 필요한 자본, 음식메뉴를 개발할 수 있는 기능과 기술력, 건물, 시설, 장비, 식재료 등으로 구성된다.

2. 커피전문점 마케팅

1) 마케팅의 정의

마케팅은 인간의 욕구를 충족시킬 목적으로 기업과 고객 간에 이루어지는 시장에서의 교환활동을 의미한다. 이러한 개념에 입각하여 기업은 전체 고객들을 대상으로 마케팅 활동을 진행할 수 있고 고객 개개인에게 맞추어 실행할 수도 있다.

이러한 범주에서 외식마케팅이란 외식업의 목표를 달성하기 위해 제품 및 서비스, 아이디어를 활용해서 상품화, 가격결정, 유통 및 촉진을 계획 · 실시하는 전략적 조직 활동이라고 볼 수 있다. 여기에는 창업주의 상황과 마음가짐, 그리고 이미지를 어떻게 전략적으로 사용하는지도 포함된다.

2) 마케팅 전략

(1) 시장세분화

시장세분화는 표적시장(Target Market)을 선별하고 그에 적합한 마케팅믹스(Marketing Mix)의 투입을 위한 선행단계로서 고객의 상이한 욕구나 특성에 따라 시장을 세분화하는 것을 말한다.

시장세분화는 고객의 수만큼 무수히 많이 나눌 수도 있으나, 경제성의 측면을 고려해야 하기 때문에, 고객의 적절한 특징을 찾아내어 알맞은 규모의 그룹으로 나누어 표적시장을 결정해야 한다.

이러한 시장세분화를 통해 창업자는 잠재되었던 시장기회를 파악하여 고객의 요구에 부응하는 상품으로 시장점유율을 확대할 수 있고, 세분시장의 자사상품에 대한 반응도에 근거하여 시장에 맞게 마케팅 프로그램과 예산을 조정할 수 있다.

일반적으로 시장세분화는 지리적, 인구 통계적, 심리 분석적, 행동 분석적 기준 등으로 나눌 수 있다.

(2) STP

STP는 세분화(Segmentation), 타겟선정(Targeting), 위치(Positioning)를 의미한다. 제품 범주와 소비자 욕구에 근거하여 동질적인 여러 고객집단을 나누고 경쟁상황과 자신의 능력을 고려하여 가장 자신 있는 시장을 선정한 다음 이를 바탕으로 마케팅 믹스 전략을 세운다.

(3) 마케팅 믹스

마케팅 믹스(Marketing Mix)란 일정한 시점과 환경 조건에서 경영자가 여러 가지 형태의 마케팅 수단들을 적절하게 결합 · 조화해서 사용하는 전략을 의미한다. 현대에 와서는 전통적인 분류(4P)외에도 경영환경 및 전략 상황에 맞추어 다양해지고 있다.

마케팅 믹스는 Promotion(촉진), Place(장소), Price(가격), Product(제품)로 분류한다.

① Promotion(촉진)

기업이 마케팅 목표 달성을 위하여 대중들의 원활한 의사소통을 기반으로 광고, 인적판매, 판매촉진, PR, 직접 마케팅 등의 수단을 활용하여 구매를 이끌어내는 유인 기법을 말한다.

② Place(장소)

기업이 특정 물품의 판매를 촉진하기 위해 활용하는 공간의 단순한 배치를 넘어서, 고객과의 접촉이 이루어지는 전체적인 유통경로의 관리를 포함하는 공급사슬 관리이다.

③ Price(가격)

기업이 특정 물품의 가치(Value)를 가장 객관적이며 수치화된 지표로 나타내는 전략이다. Skimming (가격을 높게 잡는 고가화 전략), Penetrating (가격을 낮게 잡는 침투전략), EDLP (Every Day Low Price), Competitive Pricing (경쟁사와의 관계를 이용하는 가격 전략) 등이 있다.

④ **Product**(제품)

단순히 제품이나 서비스를 생산하는 것 이외에 그 제품이 줄 수 있는 종합적인 혜택(Benefit)을 통틀어서 이르는 것이다. 디자인, 브랜드, 상징, 보증, 상품 이미지 등을 폭넓게 포함하고 이와 같은 요소를 관리하는 전략이다.

(4) SWOT

SWOT는 강점(Strength), 약점(Weakness), 기회(Opportunity), 위협(Threat)의 머리글자를 모아 만든 단어로 경영 전략을 수립하기 위한 분석 도구이다. 내적인 면을 분석하는 강점/약점 분석과, 외적 환경을 분석하는 기회/위협 분석으로 나누기도 하며 긍정적인 면을 보는 강점과 기회 그리고 그 반대로 위험을 불러오는 약점, 위협을 분석하는 도구이다.

3) 우리나라의 가볼만한 커피전문점

(1) 보헤미안(강원 강릉시 연곡면 홍질목길 55-11)

▲ 그림 206. 보헤미안 본점

강릉에 위치한 보헤미안은 1980년대 후반 고려대 앞에서 핸드드립 커피를 선보인 우리나라 1세대 바리스타인 박이추 선생이 있는 곳이다. 예멘 모카, 파나마 게이샤와 같은 특별한 커피를 만나볼 수 있는 곳이다.

(2) 테라로사(서울시 강남구 테헤란로 440 1층)

강릉 시내에서 조금 떨어진 곳에 위치하지만 항상 사람들로 붐비는 곳이다. 다양한 마이크로랏 커피와 각종 베이커리를 즐길 수 있는 곳으로 현재는 본점뿐만 아니라 서울, 경기도, 제주도 등지에서 분점이 운영 중이다.

▲ 그림 207. 테라로사 포스코센터점

(3) 커피리브레(서울시 중구 명동길 74 명동성당)

스페셜티 커피를 다이렉트 트레이드로 들여와 다양한 커피를 선보이는 곳이다. 커피 본연의 개성을 살리는 맛을 추구하여 소비자들의 호불호가 가리는 곳이기는 하지만 좋은 커피를 취급하고 있는 몇 안 되는 카페이기도 하다.

▲ 그림 208.커피리브레 명동성당점

(4) 카페피플(전라남도 여수시 소호7길 6)

전남지역의 최초 로스터리 카페로 알려진 이곳은 게이샤와 COE커피와 같은 특별한 커피를 취급하고 있는 곳이다. 커피에 대한 자세한 설명뿐만 아니라 추출방식에 대한 설명으로 커피를 좋아하는 사람들에게 많은 사랑을 받고 있는 곳이다.

▲ 그림 209. 카페피플

(5) 헬카페(서울시 용산구 보광로 76)

▲ 그림 210. 헬카페

수요미식회에 등장한 카페로 대형 로스터기가 아닌 소형 수동 로스터기로 정성스럽게 직접 로스팅하는 곳이다.

커피의 맛은 요즘 유행하는 약배전 커피가 아닌 강배전 커피가 특징인 곳으로 강하고 진한 커피가 매력적인 곳이다.

(6) 카페 쿠쿠오나(경상남도 거창군 거창읍 죽전길 113)

▲ 그림 211. 카페 쿠쿠오나

정미소를 개조해 만든 카페로 곳곳에 예술적인 매력이 넘치는 곳이다. 옛 정취와 함께 다양한 음료와 디저트를 즐길 수 있으며, 색다른 카페 공간을 원하는 사람들에게 매력적으로 다가올 수 있는 곳이다.

(7) 브라운핸즈(경상남도 창원시 마산합포구 가포순환로 109)

▲ 그림 212. 브라운핸즈 마산점

버스 스테이션을 개조한 카페로 인더스트리얼 콘셉트의 독특한 분위기와 넓은 주차장, 바다 전망을 갖고 있어 주말뿐만 아니라 평일에도 손님들이 가득차 있는 곳이다.

(8) 도렐(제주도 서귀포시 성산읍 동류암로 20)

▲ 그림 213. 도렐

복합문화 공간에 자리한 곳으로 스트리트 문화 콘셉트이다. 제주도라는 자유스러운 분위기를 찾아오는 젊은이들에게 많은 인기를 얻고 있으며 커피의 맛이 진하고 독특한 커피 베리에이션 음료를 제공하는 곳이다.

(9) 스테이위드커피(제주도 서귀포시 안덕면 형제해안로 32)

▲ 그림 214. 스테이위드커피

바다가 보이는 멋진 경치를 지닌 카페로 스페셜티 커피를 핸드드립으로 제공하는 카페이다. 가격은 높지만 좋은 경치와 품질 좋은 커피 한 잔을 마실 수 있는 곳이다.

(10) 커피플라워(경상남도 진주시 남강로 36)

▲ 그림 215. 커피플라워

진양호 근처에 위치한 곳으로 스페셜티 커피를 합리적인 가격으로 판매하고 있는 곳이다. 커피의 맛도 좋지만 좋은 음향기기에서 나오는 음악과 클래식한 분위기가 인상적인 곳이다.

(11) 슈만과 클라라(경상북도 경주시 한빛길36번길 36-1)

▲그림 216. 슈만과 클라라

대형 로스터기를 직접 구경할 수 있는 카페로 가격대는 조금 높지만 다양한 커피를 접해볼 수 있다. 또한 커피 원두마다 개성적인 맛을 내는 곳으로 넓은 공간에서 핸드드립 커피를 즐길 수 있는 곳이다.

: 3. 매장 관리 :

1) 식품위생과 식중독

(1) 식품위생

세계보건기구(WTO)의 정의에서는 식품위생이란 식품의 생육 · 생산 · 제조로부터 최종적으로 사람에게 섭취될 때까지의 모든 단계에서 식품의 안정성 · 건전성 · 악화방지를 확보하기 위한 모든 수단을 말한다.

식품위생법에서 정의하는 식품위생이란 식품, 첨가물, 기구 또는 용기, 포장을 대상으로 하는 음식물에 관한 위생을 의미한다.

식품위생의 목적은 식품으로 인한 위생상의 위해를 방지하고 식품영양의 질적 향상을 도모함으로써 국민보건의 향상과 증진에 기여하는 것이다. 식품 접객업소는 많은 사람을 대상으로 음식을 조리 · 판매하기 때문에 위생관리를 소홀히 할 경우 경구전염병이나 식중독으로 건강을 해칠 수 있다. 따라서 위험을 사전에 예방하고 위생적으로 안전한 음식을 제공할 수 있는 철저한 위생관리체계가 요구된다.

(2) 식중독의 정의

식중독의 정의는 '모든 음식물의 섭취에 따라 일어나는 건강장애를 말한다.'이다. 넓은 의미로 식중독은 과음 · 과식에 의한 위장장애, 비타민 결핍에 의한 영양장해, 유리, 바늘 등 이물질 혼입에 의한 기계 · 물리적 장해도 포함한다. 그러나 이와 같은 건강장애는 일반적으로 식중독에는 포함하지 않는다.

따라서 일반적으로 식중독은 '사람이 식중독 유발 세균이 증식하거나 독물이 혼입된 식품을 섭취함으로써 건강에 손해를 입는 경우'이다.

그러나 이질, 장티푸스, 콜레라와 같은 경우, 전염병이나 기생충병은 식품의 섭취로부터 일어나지만 이와 같은 것은 각각 독립된 질병으로 취급되고 있어 식중독의 범위에서는 제외하고 있다.

(3) 해썹 (HACCP)

해썹(HACCP)은 Hazard Analysis and Critical Control Point의 약자이다. 식품의 생산 · 유통 · 소비의 전 과정을 지속적으로 관리함으로써 제품 또는 식품의 안전성(Safety)을 확보하고 보증하는 예방차원의 개념이다. 우리나라에서는 1995년 12월에 도입하였으며, 국제식품규격위원회에 규정된 12절차와 7원칙을 현장에 적용하고 있다.

(4) 해썹의 적용과 12절차 7원칙

해썹(HACCP)을 적용하고자 하는 업체의 영업자는 식품위생법 등 관련 법적 요구사항을 준수하면서 작업기준 및 위생관리기준을 포함하는 선행요건 프로그램을 먼저 개발하여 시행하여야 한다. 선행요건프로그램에 포함되어야 할 사항으로는 영업장 · 종업원 · 제조시설 · 냉동설비 · 용수 · 보관 · 검사 · 회수관리 등이다.

또한 영업자는 분야별로 작업담당자, 작업내용, 실시빈도, 실시상황의 점검 및 기록방법을 정하여 구체적인 관리 기준서를 작성하고, 종업원이 준수하도록 시행하며 이에 대한 기록을 보관 · 유지 하여야 한다.

그리고, 그림 217과 같이 5개의 준비단계와 7개의 원칙으로 구성되어 있는 12절차에 맞추어 준비하고 실행해야 한다.

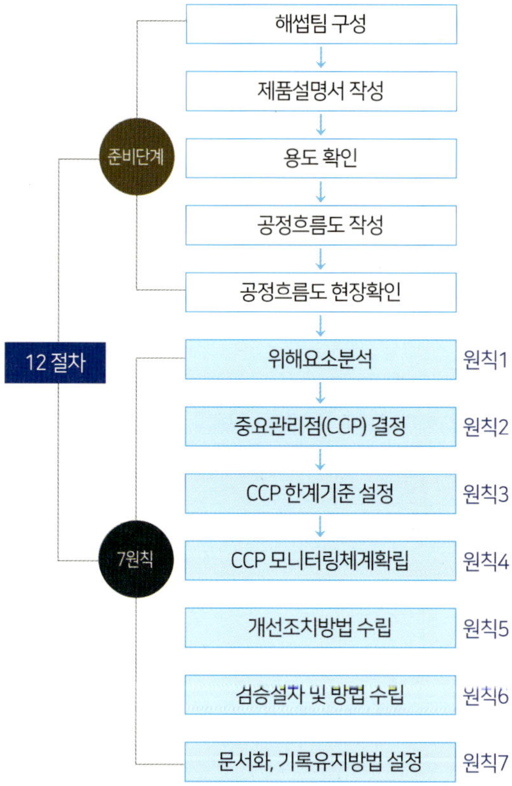

▲ 그림 217. 해썹(HACCP)의 12절차와 7원칙

2) 식중독 발생요인과 관리

(1) 식중독 분류

식중독은 일반적으로 세균성 식중독, 화학성 식중독 및 자연독 식중독과 바이러스・알레르기성 식중독으로 분류하고 있다.(표 44)

표 44. 식중독 분류와 종류

구분	유형	종류
세균성	감염형	살모넬라, 장염비브리오, 병원성 대장균, 웰치균(A,C 형)
	독소형	황색포도상구균, 클로스트리디움, 보툴리늄
자연독	식물성	버섯독(아마니타독소, 무스카린, 실로시빈, 코프린) 감자독(솔라닌), 청매독(아미그달린), 고사리(프타퀼로사이드)
	동물성	복어독(테트로도톡신), 조개독
화학적	화학성	비소, PCB, 납, 메탄올
	화학물질	농약, 유기염소제, 방사선 물질
곰팡이 독소	곰팡이 독	아플라톡신, 오크라톡신
기타	바이러스	노로바이러스, 아스트로바이러스, 로타바이러스
	알레르기성	프로테우스, 모르가니균

세균성 식중독은 다시 다음과 같은 세 가지 형태로 분류하고 있다.

① 감염형 : 살모넬라, 장염비브리오 등 다수의 세균을 식품과 함께 섭취함으로써 발병하는 것.

② 독소형 : 보툴리누스, 포도상구균 등과 같이 식품 중에서 세균이 증식하는 중에 독소에 의해 발병하는 것.

③ 중간형 : 세균성 식중독은 일반적으로 위와 같이 양 대별되나 양자의 중간적 성격을 띤 식중독도 있다.

대표적인 세균성 식중독에는 장염비브리오 식중독, 살모넬라 식중독, 포도상구균 식중독, 보툴리누스 식중독 등이 있다.

(2) 식중독의 예방

우리나라에서 발생되는 식중독의 대부분은 세균성 식중독이다. 따라서 세균성 식중독 방지를 위하여는 다음의 원칙을 준수하는 것이 가장 중요하다.

① 식품에 식중독균을 부착하지 않게 하는 것.

② 식품 중에 세균을 증식하게 하지 않는 것.

③ 식품 중에 세균을 죽이는 것

위의 첫 번째 원칙이 완전히 이루어지면 두 번째, 세 번째의 원칙은 필요하지 않으나 이 원칙이 정한대로 완전하게 이행한다는 것은 어려운 것이다. 그러므로 이를 준수하기 위하여 식품을 취급함에 있어서 모든 것이 '청결'하고 '위생적'으로 유지해야 한다. 위의 세 가지 원칙을 간단하게 표현하면 '청결', '신속', '냉각 (가열)' 이다.

(3) 식품 취급 종사자의 위생관리

사람이 건강을 유지하기 위해서는 식품 그 자체의 위생은 물론, 식품을 취급하는 '사람의 위생'을 고려해야 한다. 따라서 식품취급자의 위생으로서는 최소한 다음에 열거하는 것을 유의하여 작업에 종사하여야 한다.

① 전염성의 질환자 또는 손에 화농성 상처가 있는 사람은 식품취급에 종사 하여서는 안 된다.

② 식품을 직접 취급하는 사람, 기타 식품에 접촉하는 사람은 모든 것이 청결하고 깨끗하게 세탁된 위생복을 착용하고, 모자나 마스크의 착용

을 반드시 행하여야 한다.

③ 식품취급종사자는 종업시간 중 손을 항상 청결히 유지하고, 용변 후에는 반드시 손을 씻어야 한다.

(4) 식품영업에 종사하지 못하는 질병의 종류

① 전염병예방법에 의한 제1군 전염병중 소화기계 전염병

② 전염병예방법에 의한 제3군 전염병중 결핵(비전염성인 경우 제외)

③ 피부병 기타 화농성질환

④ B형간염(전염의 우려가 없는 비 활동성 간염은 제외)

⑤ 후천성면역결핍증(전염병예방법에 의하여 성병에 관한 건강진단을 받아야 하는 영업에 종사하는 자에 한함)

3) 매장 관리

커피전문점은 항상 여러 식재료들이 함께 사용되며, 여러 도구와 기물들이 사용되고 있는 곳으로 철저한 위생관리와 안전관리가 필요한 곳이다. 올바른 매장 운영을 위해서는 음료를 제조하는 각종 기물과 도구들이 정상적인 작동을 하는지 확인해야 하며, 식재료는 위생 기준에 맞춰 철저히 관리해야 한다.

(1) 식재료 관리

커피전문점에서는 우유, 크림, 시럽, 소스, 파우더, 생과일, 냉동과일 등 수없이 많은 재료를 사용한다. 매장에 따라 소비량이 많은 재료와 소비량이 적은 재료가 함께 사용하기 때문에 재료의 상태를 보면서 관리를 하다보면 위생관리에 헛점이 생길 수 있다. 따라서 모든 식재료는 스케줄표를 통해 정확한 입고일과 유통기한을 관리해야 한다.

① 우유

우유는 필수적으로 냉장보관(4~5℃)을 해야하며 입고일을 기준으로 유통기한이 긴 우유를 냉장고 안쪽에 보관을 하며, 매일 매장 오픈시간에 맞춰 유통기한을 확인해야 한다. 우유의 경우 유통기한이 14일 정도임을 감안하여 늘 적정 재고량을 유지하도록 한다.

우유 사용시 주의점

우유는 신선할수록 거품이 곱게 잘 생성이 되며 유지시간도 길게 된다. 또한, 한 번 가열했던 우유의 경우 재가열시 질감이 부드럽지 않으며 분유와 비슷한 냄새가 날 수 있으니 절대 재가열해서 사용하면 안된다.

② 크림

크림은 음료에 부드럽고 고소한 맛을 더해주는 부재료로서 커피전문점에서는 동물성 크림과 식물성 크림을 선택하여 사용한다. 동물성 크림은 고소한 맛이 강해 음료의 맛을 높여주지만, 가격이 비싸고 거품 상태가 오래 유지되지 못하는 단점이 있다. 식물성 크림은 가격이 저렴하고 거품이 오래간다는 장점이 있지만, 느끼하고 고소한 맛이 부족한 단점이 있다. 동물성 크림과 식물성 크림 모두 거품을 만들어 놓은 경우 최대 2일 이내에 사용을 해야하며, 지방성분으로 인해 산패가 될 수 있고, 균을 염려가 있으니 최대한 밀폐시켜 냉장고에 보관해야 한다.

③ 시럽

시럽은 음료의 맛과 향을 더해주는 식재료로 대부분 당에 향료와 색료를 첨가하여 만든다. 매장에서는 사용의 편리성을 위해 펌프를 장착한 상태로 사용하기 때문에 매장 운영중에는 바 위에 올려 놓고 사용하며, 퇴근시에는 펌프의 이물질을 제거한 후 냉장고에서 보관해야 한다. 펌프의 경우 주 1회 이상 세척을 해야 하며 펌프를 70~80℃의 물에 30분 정도 담가 굳어진 시럽 잔여분을 제거하고 뜨거운 물이 담긴 통에 펌프를 연결하여 30회 이상 펌프질을 하여 세척한다.

④ **소스**

소스는 음료에 맛을 더해주는 식재료로 당에 천연재료, 향료, 색료를 첨가하여 만든다. 천연재료를 사용하는 경우 쉽게 품질 저하가 일어 날 수 있어 철저한 위생관리가 필요하다. 소스는 대부분 3L 이상 대용량으로 판매가 이루어지고 있기 때문에 사용량이 많지 않은 매장은 소분하여 사용하는 것이 바람직하다.

⑤ **파우더**

파우더는 음료에 맛을 더하거나 음료를 꾸밀 때 사용을 하며 초코, 캐러멜, 말차, 요거트 등 다양하다. 파우더는 건조된 상태이기 때문에 유통기한은 긴 편이나 아주 고운 가루 형태로 되어있어 쉽게 뭉침이 발생할 수 있다. 따라서 습기에 주의하여 보관해야 한다.

⑥ **생과일**

생과일은 주스, 스무디, 빙수 등을 제조할 때 사용하는 재료이며 제철에 어울리는 과일을 이용하는 것이 좋다. 생과일은 품지유지 기한이 짧기 때문에 사용량이 적은 매장의 경우 생과일 보다는 냉동과일을 사용하는 편이 좋다. 보관은 냉장 쇼케이스를 이용하여 적절한 온도와 습도를 맞추고, 사용량에 따른 적절한 재고 관리가 필요하다.

⑦ 냉동과일

냉동과일은 계절에 상관없이 사용되는 재료로 주스, 스무디, 빙수 등을 제조할 때 사용된다. 생과일보다 보관과 사용이 편리하지만 향과 맛이 생과일보다 떨어지기 때문에 시럽이나 당을 함께 사용해야 한다. 특히 냉동과일은 해동 후 재 냉동했을 경우 질감이 나빠질 수 있으니 해동 후 재냉동은 절대 하지 않도록 주의해야 한다.

(2) 오픈 준비

매장의 오픈 담당 직원은 당일 판매될 음료와 식재료, 부재료 등을 확인하여야 하며, 에스프레소 머신과 그라인더, 제빙기가 정상적으로 작동하는지 확인 후 이상이 있을 경우 적절한 조치를 취해야 한다.

① 에스프레소 머신 점검

오픈 전 에스프레소 머신의 점검 사항은 기계가 정상적으로 작동하는지 확인하는 것과 위생상태를 확인하는 것이다. 포터필터, 샤워스크린, 바스켓필터, 스팀 노즐을 깨끗한 행주로 닦아주고, 이때 쉽게 제거되지 않는 오염물이 있을 경우 따로 세제를 이용하여 제거한다.

에스프레소 머신의 적정 압력 확인은 그림 218과 같이 압력게이지가 8~10Bar 인지 확인 후 압력이 높거나 낮다면 머신 안쪽의 조절 레버를 조절하여 압력을 적절하게 조정해야 한다.

▲ 그림 218. 에스프레소 머신 압력계 점검

② 그라인더

그라인더는 전날 사용했던 원두가 남아 있을 수 있으므로 50g 정도를 분쇄하여 제거한다. 이후 커피를 추출하여 온도와 추출량, 추출시간을 잘 확인 후 커피의 향미를 평가 후 적절한 커피가 추출될 수 있도록 분쇄도와 커피양을 조절한다. 이때 분쇄도를 조절할 경우 조절할 때마다 약 30g 정도 원두를 분쇄하여 버린 후 굵기 변화가 적용된 커피원두를 사용해야 한다.

③ 커피 및 부재료 점검

커피원두는 로스팅 되는 순간부터 산패가 시작되고, 매일매일 산패가 진행되기 때문에 매장 오픈 전 커피원두의 표면 상태와 향기를 확인하여 지나치게 오일이 묻어 있거나 산패취가 나는 경우 커피원두를 새로운 것으로 교체해야 한다.

부재료는 남은양과 부재료의 상태를 확인한 후 새롭게 준비할 것과 폐기해야 할 것을 파악한다. 부재료를 담는 통은 재사용시 항상 세척하고 건조시킨 후 사용해야 하며 생산날짜 라벨을 붙이고 정해진 위치에 보관해야 한다.

(3) 매장 마감 및 청소

청소는 매장의 청결을 위해서도 필요하지만 먼지와 습기 제거를 통해 에스프레소 머신을 비롯한 각종 기계들의 컨디션을 최상으로 유지하는 효과도 있다.

① 잔 세척

세척기계를 사용하여 잔 세척을 하는 경우에는 사용한 모든 잔을 함께 세척해도 무관하지만, 손으로 설거지를 하는 경우에는 우유를 사용했던 잔을 반드시 분리하여 세척하고 수세미도 따로 사용해야 한다. 수세미를 함께 사용하는 경우 수세미에 우유의 단백질과 지방이 붙어 있을 수 있어 잔에서 비린내가 날 수 있기 때문에 주의해야 한다. 특히 우유를 스팀하는 스팀피쳐의 경우 뜨거운 물에 세제를 풀고 10분 정도 담궈 놓은 후 세척을 해야 우유 비린내가 나는 것을 방지할 수 있다.

② 에스프레소 머신 마감

매장 마감 시 에스프레소 머신의 포터필터에서 바스켓 필터를 분리한 후 세제를 푼 물에 담그고, 샤워스크린과 개스킷은 전용 세척 솔을 이용하여 커피찌꺼기를 제거한다. 이후 블라인드 필터가 장착된 포터필터에 약품을 넣고 그룹헤드에 장착 후 추출버튼을 눌러 백플러싱[1]을 이용하여 청소를 한다.

에스프레소 머신의 정상작동을 위해 6개월에 한 번 정도 그룹헤드 개스킷 및 스크린 필터를 점검하고 필요시 교체해야 한다.

1 에스프레소 머신의 그룹헤드 부분에 남아 있는 커피찌꺼기를 제거하는 청소과정으로 포터필터에 블라인더 필터를 끼우고 그룹헤드에 장착한 다음 10초 동안 3~5회 정도 추출과정을 반복한다. 약품 사용시 10회 이상 블라인더 필터를 끼운 포터필터로 추출과정을 반복한다.

③ 그라인더 청소

매장 마감 후 그라인더의 호퍼 스토퍼를 이용해 커피가 그라인더 안으로 들어가지 않게 하며, 남은 커피는 따로 밀폐용기에 옮겨 담는다. 호퍼통에는 커피 오일이 묻어 있을 수 있기 때문에 깨끗하게 세척한 후 건조시킨다. 도저통의 경우 전용 솔로 커피원두를 제거하고 주변의 원두 가루들은 진공청소기와 행주를 이용하여 깨끗이 닦아낸다.

④ 제빙기

제빙기는 매장 마감 후 얼음 나오는 부분에 오염물질이 묻어 있는지 확인 후 오염물질이 없는 경우에는 깨끗한 행주로 플라스틱 커튼 주변을 닦아주고, 오염물질이 발견되면 플라스틱 커튼을 들어 올린 후 락스계 소독제를 이용하여 세척을 하거나 고온의 스팀청소기를 이용하여 소독 및 세척을 해야 한다. 공랭식 제빙기는 앞부분에 냉각 컴프레서 공기 필터가 있는데 이 필터에 먼지가 많이 끼게 되면 냉각능력이 떨어지고 심하면 고장이 날 수 있으니 확인 후 먼지가 많으면 제거해야 한다. 그리고 월 1회 정도는 전문가에게 분해 청소를 맡기는 것이 위생관리에 좋다.

4) 직원 관리

(1) 직원 복장 및 위생관리

① 지정된 근무복 또는 앞치마 착용하도록 한다.

② 머리는 단정히 하도록 관리한다.(근무자가 여자인 경우에는 머리를 묶는다.)

③ 손톱은 짧게 하고 매니큐어는 바르지 못하도록 관리한다.

④ 근무에 불필요한 액세서리는 하지 않도록 관리한다.(반지, 시계 등)

(2) 캐셔 근무 시 유의사항

① 주문내역은 꼭 다시 한 번 확인하도록 한다.

② 주문내역 확인 후 최종 금액과 잔액을 확인하도록 한다.

③ take out, take in 여부를 꼭 확인 후 주문을 완료 한다.

④ 생크림이 들어가는 음료는 크림첨가 여부를 꼭 확인하도록 한다.

⑤ 주문 완료 후 영수증 발행 여부를 꼭 확인한다.

⑥ 고객의 메뉴 선정에 어려움을 겪고 있을 경우에는 음료에 대한 간단한 정보를 제공할 수 있도록 판매 메뉴에 대한 정보를 습득할 수 있도록 한다.

(3) 제조 근무 시 유의사항

① 캐셔에게 전달 받은 주문 사항을 다시 한 번 확인 후 제조하도록 한다.

② 음료의 품질이 떨어지지 않도록, 음료의 특성 및 제조 시간을 확인 후 제조토록 한다.

(4) 고객 불만 처리

① 고객과 대화할 경우 다른 곳을 응시하거나 자리를 옮기지 않도록 한다.

② 고객이 불만사항을 이야기 할 경우는 고객의 말을 끝까지 듣도록 한다.

③ 제공 음료의 제조방법이 틀렸거나, 이물질이 들어갔을 경우에는 즉시 새로 제조하여 제공하도록 한다.

④ 제공 음료의 take out용 잔과 take in용이 잘 못 제공되었을 경우에는 즉시 잔을 바꾸어 제공하도록 한다

⑤ 제공 음료의 온도에 대한 불만 제기 시 온도 조절이 가능한 메뉴는 요청 즉시 해결을 해주며, 온도조절이 힘든 메뉴일 경우에는 정중히 메뉴에 대한 설명을 한 후 고객의 양해를 구한다.

⑥ 매장 안에서의 고객 피해(물질적)가 발생한 경우, 즉시 최종관리 자에게

보고 후 가입 보험사에 연락하여 최대한 빠른 조치를 취한다. 고객의 인적피해가 발생했을 경우에는 응급치료를 최우선으로 하며 사후 처리를 한다.

⑦ 매장 내에서 다른 고객들의 소음으로 인한 고객 불만이 발생할 경우에는 양쪽에 정중히 양해를 구하도록 한다.

⑧ 매장 내에서 고객 간 다툼이 발생했다면 즉시 최종관리자에게 보고 후 경찰에 신고를 한다.

참고문헌

참고문헌

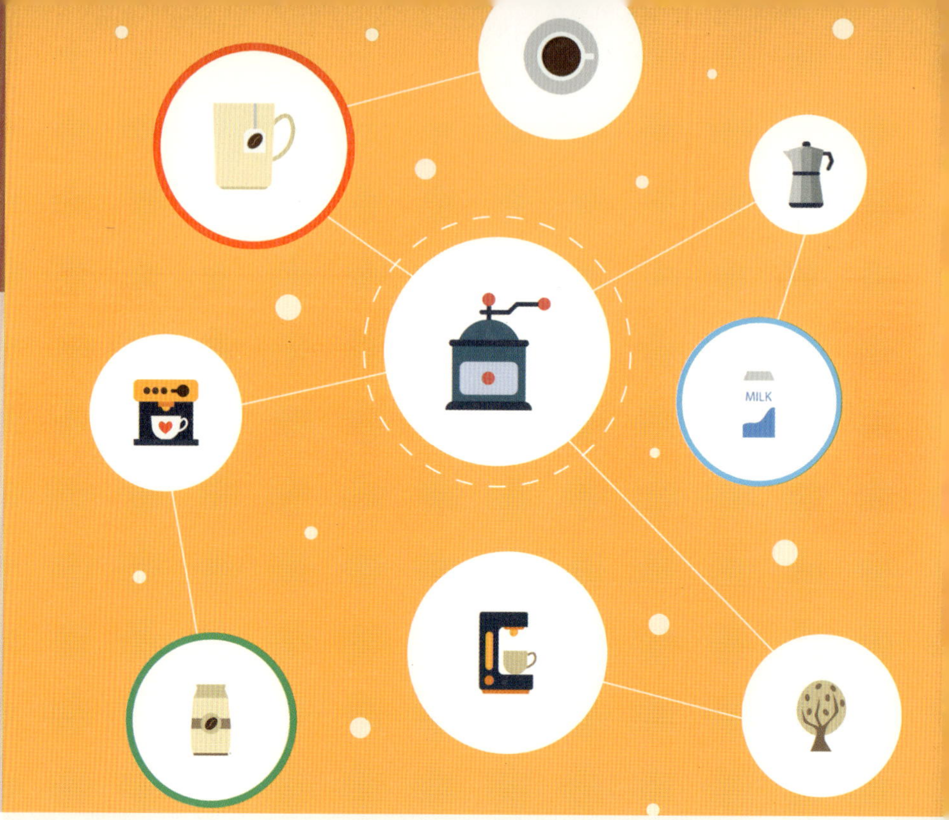

국내 문헌

강준만·오두진(2005). 고종 스타벅스에 가다. 인물과 사상사

권장하(2005). 커피 문화의 발자취. 미스터커피 SICA 출판부

김미리·이주희·민혜선·이영은·송은승·권순자·김미정·송효남(2015). 식품과 조리원리. 교문사

김은경. (2012) 한국인에서 커피 및 녹차의 섭취빈도가 간염증 수치 및 대사증후군에 미치는 영향. 한국산학기술학회지. 13(6):2570-2578.

김일호·김종규·김지응(2012). 한 권에 다 있다 커피의 모든 것. 백산출판사

김현섭(2018). 오예! 스페셜티 커피!. 아이비라인

문상윤, 커피이야기, 대전일보 오피니언 칼럼

박영순(2017). 커피 인문학. 인물과 사상사

심재범(2014). 스페셜티 커피 인 서울. BR미디어

우인애·박미영(2018). 바리스타를 위한 커피 입문서. 교문사

유대준(2009). 커피인사이드. 해밀

이성희, 조우균, 조남한, 신철. (2015) 커피섭취와 수면과 관련된 사망위험도 연구. 대한지역사회영양학회지. 20(4):301-309.
이숙영, 김미리, 이영은, 송효남, 정해정(2017). 식품화학. 파워북
이윤섭(2013). 커피, 설탕, 차의 세계사. 필맥
이정학(2012). 가비에서 카페라떼까지. 대왕사
최낙언(2015). (과학으로 풀어본) 커피향의 비밀. Seoul Commune(서울꼬뮨)
최승일(2015). 커피컬쳐. 밥북
카페실무 창업, 신기욱, 2014, 퍼블리싱 컴퍼니 클
커피 상식사전, 트리스탄 스티븐슨(Tristan Stephenson), (주) 도서출판 길벗, 2016

국내 논문

문상윤, 백승연, 김미리(2019) 한국 고흥산 커피의 Gas Chromatograph-Ion Mobility Spectrometer에 의한 향기 특성 분석, Korean J. Food Preserv. 26(5).
커피산업의 5가지 트렌드 변화와 전망, 경제주평 19-15(통권 848호) 2019, 현대경제연구원

외국 문헌

다구치 마모루 저, 박이추·유필문·이정기 역(2012). 스페셜티 커피대전. 광문각
래니 킹스턴 저, 신소희 옮김(2017). 완벽한 커피 한 잔. 푸른숲
브리타 폴머 저, 최익창 역(2017). 스페셜티 커피. 커피리브레
스콧라오 저, 최익창 역(2016). 커피 로스팅. 커피리브레
세바스티앵 라시뇌·충 렝 트란 공저, 정한진 옮김(2017). 커피는 어렵지 않아. 그린쿡
아네트 몰배르 저, 최가영 옮김(2015). 커피중독. 시그마북스
우스이 류이치로 저, 김수경 역(2008). 커피가 돌고 세계史가 돌고. 북북서
윌리엄H. 우커스 저, 박보경 옮김(2015). 올 어바웃 커피. 세상의 아침
J N 윈트겐스(Jean Nicolas Wintgens)외, 최익창 옮김(2015). 커피생두. 커피리브레
제임스 호프만 저, 김민준 정병호 역(2016). 커피 아틀라스. 아이비라인
탄베 유키히로 저, 윤선해 옮김(2017). 커피 과학. 황소자리
탄베 유키히로 저, 윤선해 옮김(2018). 커피 세계사. 황소자리
호리구치 토시히데 저, 윤선해 역(2015). 스페셜티 커피 테이스팅. 웅진리빙하우스

히로세 유키오·마루오 슈조·호시다 히로시 공저, 박이추·서정근 공역(2014). 커피학 입문. 광문각
筬島豊, 本間清一, 中林義晴, 和田浩二 공저, 장상문 허경택 이정기 김윤호 공역(2006). 커피학. 광문각

외국 논문

Bidel S, Tuomilehto J. (2013) The Emerging Health Benefits of Coffee with an Emphasis on Type 2 Diabetes and Cardiovascular Disease. Eur Endocrinol. 29(2): 99-106.
Chen X, Ghribi O, Geiger JD. (2010) Caffeine protects against disruptions of the blood-brain barrier in animal models of Alzheimer's and Parkinson's disease. J Alzheimers Dis. 20(Suppl 1):S127-S141.
Crippa A, Discacciati A, Larsson SC, Wolk A, Orsini N. (2014) Coffee Consumption and Mortality From All Causes, Cardiovascular Disease, and Cancer: A Dose-Response Meta-Analysis. American Journal of Epidemiology. 180(8):763-775.
Dickson JC, Liese AD, Lorenzo C, Haffner SM, Watkins SM, Hamren SJ, Stiles JK, Wagenknecht LE, Hanley AJ. (2015) Associations of coffee consumption with markers of liver injury in the insulin resistance atherosclerosis study. BMC Gastroenterol. 15:88.
Freedman ND, Park Y, Abnet CC, Sinha R, Hollenbeck AR (2012) Association of Coffee Drinking with Total and Cause-Specific Mortality. N Engl J Med. 366(20): 1891-1904.
Galano A, Casta eda-Arriaga R, P rez-Gonz lez A, Tan D-X, Reiter RJ. (2016) Phenolic Melatonin-Related Compounds: Their Role as Chemical Protectors against Oxidative Stress. Molecules. 21(11):1442.
Hu Y, Ding M, Yuan C, Wu K, Smith-Warner SA, Hu FB, Chan AT, Meyerhardt JA, Ogino S, Fuchs CS, Giovannucci EL, Song M. (2018) Association Between Coffee Intake After Diagnosis of ColorectalCancer and Reduced Mortality. Gastroenterology. 154(4):916-926.
Jia H, Aw W, Egashira K, Takahashi S, Aoyama S, Saito K, Kishimoto Y, Kato H. (2014) Coffee intake mitigated inflammation and obesity-induced insulin resistance in skeletal muscle of high-fat diet-induced obese mice. Genes Nutr. 9(3):389.
Kolahdouzan M, Hamadeh MJ. (2017) The neuroprotective effects of caffeine in neurodegenerative diseases. CNS Neurosci Ther. 23(4):272-290.
Liang N, Kitts DD. (2014) Antioxidant Property of Coffee Components: Assessment of

Methods that Define Mechanisms of Action. Molecules. 19(11):19180–19208.

Maki C, Funakoshi-Tago M, Aoyagi R, Ueda F, Kimura M, Kobata K, Tago K, Tamura H. (2017) Coffee extract inhibits adipogenesis in 3T3-L1 preadipocyes by interrupting insulin signaling through the downregulation of IRS1. PLoS One. 12(3): e0173264.

Miranda AM, Steluti J, Fisberg RM, Marchioni DM. (2017) Andreia Machado Miranda, Josiane Steluti, Regina Mara Fisberg, Dirce Maria Marchioni Association between Coffee Consumption and Its Polyphenols with Cardiovascular Risk Factors: A Population-Based Study. Nutrients. 9(3):276.

Modi AA, Feld JJ, Park Y, Kleiner DE, Everhart JE, Liang TJ, Hoofnagle JH. (2010) Increased caffeine consumption is associated with reduced hepatic fibrosis. Hepatology. 51(1):201–209.

O'Keefe JH, Bhatti SK, Patil HR, DiNicolantonio JD, Lucan SC, Lavie CJ. (2013) Effects of Habitual Coffee Consumption on Cardiometabolic Disease, Cardiovascular

Health, and All-Cause Mortality. Journal of the American College of Cardiology. 62(12).

Reyes CM, Cornelis MC. (2018) Caffeine in the Diet: Country-Level Consumption and Guidelines. Nutrients. 10(11):1772.

Schmit SL, Gruber SB, Rennert HS, Rennert G. (2016) Coffee Consumption and the Risk of Colorectal Cancer. Cancer Epidemiol Biomarkers Prev. 25(4): 634–639.

Shimoda H, Seki E, Aitani M. (2006) Inhibitory effect of green coffee bean extract on fat accumulation and body weight gain in mice. BMC Complement Altern Med. 6:9.

Simon TG, Trejo MEP, Zeb I, Frazier-Wood AC, McClelland RL, Chung RT, Budoff MJ. (2017) Coffee consumption is not associated with prevalent subclinical cardiovascular disease (CVD) or the risk of CVD events, in nonalcoholic fatty liver disease: results from the Multi-Ethnic Study of Atherosclerosis. Metabolism. 75:1–5.

Vitaglione P, Mazzone G, Lembo V, D'Argenio G, Rossi A, Guido M, Savoia M, Salomone F, Mennella I, De Filippis F, Ercolini D, Caporaso N, Morisco F. (2019) Coffee prevents fatty liver disease induced by a high-fat diet by modulating pathways of the gut–liver axis. J Nutr Sci. 8:e15.

Watanabe T, Kobayashi S, Yamaguchi T, Hibi M, Fukuhara I, Osaki N. (2019) Coffee Abundant in Chlorogenic Acids Reduces Abdominal Fat in Overweight Adults: A Randomized, Double-Blind, Controlled Trial. Nutrients. 11(7):1617.

Yoshinari O, Igarashi K. (2010) Anti-diabetic effect of trigonelline and nicotinic acid. Current medicinal chemistry. 17(20):2196-202.

Wolska J, Katarzyna J, Jakubczyk K, Szymkowiak M, Chlubek D, Gutowska I. (2017)
Levels of Antioxidant Activity and Fluoride Content in Coffee Infusions of Arabica, Robusta and Green Coffee Beans in According to their Brewing Methods. Biol Trace Elem Res. 179(2):327-333.